Illisibilité partielle

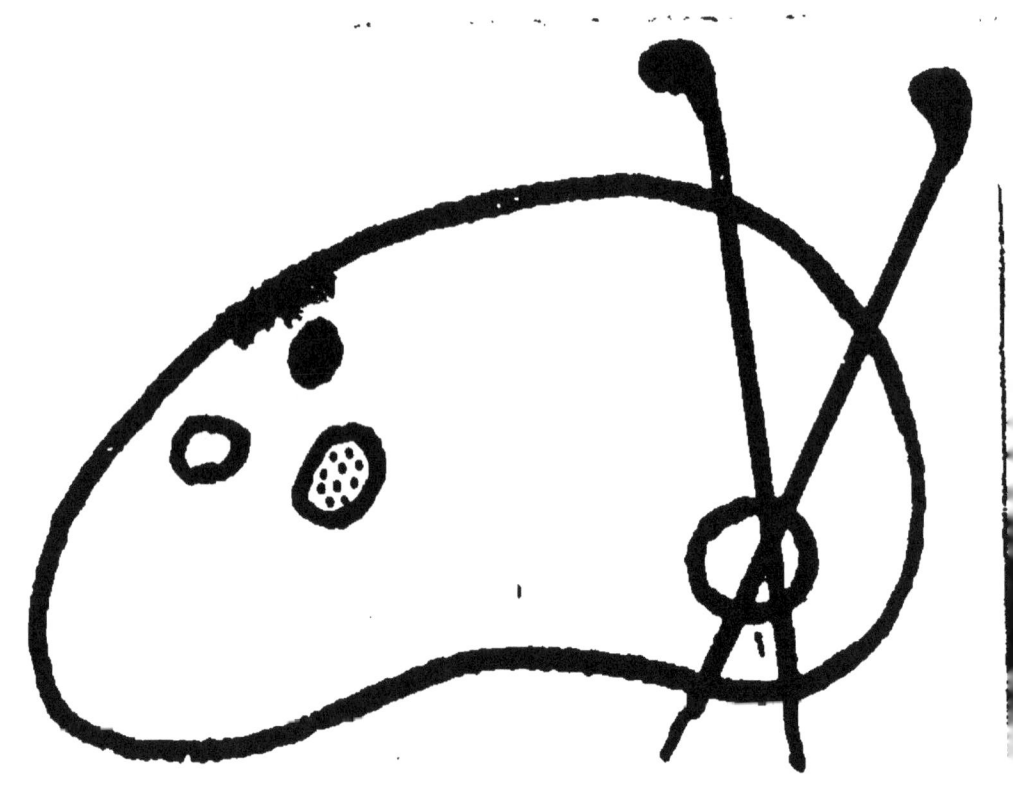

Début d'une série de documents en couleur

BIBLIOTHÈQUE CONTEMPORAINE

GEORGE SAND
ŒUVRES COMPLÈTES

LA COUPE

LUPO LIVERANI

LE TOAST. — GARNIER. — LE CONTREBANDIER

PARIS
MICHEL LÉVY FRÈRES ÉDITEURS
RUE AUBER, 3, PLACE DE L'OPÉRA
LIBRAIRIE NOUVELLE
BOULEVARD DES ITALIENS, 15, AU COIN DE LA RUE DE GRAMMONT
1876

CHEZ LES MÊMES ÉDITEURS

ŒUVRES COMPLÈTES
DE
GEORGE SAND
FORMAT GRAND IN-18

3 fr. 50 c. le volume

	vol.		vol.
André	1	Lettres d'un voyageur	1
Antonia	1	Mademoiselle La Quintinie	1
Autour de la table	1	Mademoiselle Merquem	1
Le Beau Laurence	1	Les Maîtres mosaïstes	1
Cadio	1	Les Maîtres sonneurs	1
Césarine Diétrich	1	Malgrétout	1
Le Château de Pictordu	1	La Mare au Diable	1
La Confession d'une jeune fille	2	Le Marquis de Villemer	1
Constance Verrier	1	Ma Sœur Jeanne	1
La Coupe	1	Mauprat	1
La Dernière Aldini	1	Monsieur Sylvestre	1
Le Dernier amour	1	Mont-Revêche	1
Les Deux Frères	1	Nanon	1
Elle et Lui	1	Nouvelles	1
La Famille de Germandre	1	La Petite Fadette	1
Flamarande	1	Pierre qui roule	1
Francia	1	Les Sept cordes de la lyre	1
François le Champi	1	Tamaris	1
Un Hiver à Majorque — Spiridion	1	Théâtre complet	4
Impressions et souvenirs	1	Théâtre de Nohant	1
Indiana	1	La Tour de Percemont	1
Jacques	1	L'Uscoque	1
Jean de la Roche	1	Valentine	1
Jean Zyska — Gabriel	1	Valvèdre	1
Journal d'un voy. pendant la guerre	1	La Ville noire	1
Laura	1		

1 fr. 25 c. le volume

	vol.		vol.
Adriani	1	Horace	1
Les Amours de l'âge d'or	1	Isidora	1
Les Beaux messieurs de Bois-Doré	2	Jeanne	1
Le Château des Désertes	1	Lelia — Métella — Melchior — Cora	2
Le Compagnon du tour de France	2	Lucrezia Floriani — Lavinia	1
La Comtesse de Rudolstadt	2	Le Meunier d'Angibault	1
Consuelo	3	Narcisse	1
Les Dames vertes	1	Pauline	1
La Daniella	2	Le Péché de M. Antoine	2
Le Diable aux champs	1	Le Piccinino	2
La Filleule	1	Promenades autour d'un village	1
Flavie	1	Le Secrétaire intime	1
Histoire de ma vie	10	Simon	1
L'Homme de neige	3	Teverino — Léone Léoni	1

Boulogne (Seine). — Imp. JULES BOYER.

35ᵉ ANNÉE

LA PATRIE

JOURNAL QUOTIDIEN
POLITIQUE, LITTÉRAIRE, SCIENTIFIQUE, COMMERCIAL ET FINANCIER

Par l'organisation spéciale de son service d'Informations, de Télégrammes et de Correspondances

LA PATRIE est toujours promptement et sûrement renseignée

Magnifiques **PRIMES GRATUITES** offertes à tous les Abonnés :

LES MÉMOIRES DE M. GUIZOT, 8 vol. in-18, comprenant les événements politiques depuis 1814, et dont la valeur en librairie est de 60 francs. — **L'UNIVERS ILLUSTRÉ**. — Environ **2,000 volumes** de la Maison MICHEL LÉVY frères : Ouvrages illustrés, richement reliés et dorés sur tranches. — Partitions complètes de la Maison E. ESCUDIER : **DON JUAN** (Mozart); **LE BARBIER DE SÉVILLE** (Rossini); — **LOUISE MILLER** (Verdi); — **MINA** (Amb. Thomas); — **JEANNE D'ARC** (Verdi), etc., etc.

ABONNEMENTS : { PARIS...... 13 fr. 50 c., 27 fr., 54 fr.
{ DÉPARTEMENTS. 16 » »   32   64

Pour s'abonner, envoyer un MANDAT-POSTE *à M. l'Administrateur de*
LA PATRIE
Rue du Croissant, 12, Paris

PARIS-JOURNAL

POLITIQUE ET FINANCIER

PRIMES :
MONTRE ALUMINIUM OU PENDULE RÉVEIL-MATIN
POUR RIEN

PENDULE RENAISSANCE OU MONTRE EN VERMEIL
Pour 15 francs en sus de l'Abonnement

PRIMES	**MONTRE EN OR**	PRIMES
livrées de suite	POUR 32 FRANCS	livrées de suite
	En sus de l'Abonnement	
UN SEMESTRE	Abonnement d'un an : 64 fr.	**UN SEMESTRE**
D'AVANCE	9, rue d'Aboukir, 9	D'AVANCE

2, rue du Pont-Neuf, 2
SEULE ENTRÉE au coin du QUAI

 MAISON
DE LA

BELLE JARDINIÈRE

VÊTEMENTS pour HOMMES et pour ENFANTS

Tout Faits et sur Mesure

CHAPEAUX, CHAUSSURES, BONNETERIE, CHEMISERIE

ET TOUT CE QUI CONCERNE L'HABILLEMENT DE L'HOMME

Spécialité de VÊTEMENTS pour la Chasse
ET DE VÊTEMENTS POUR LIVRÉE

Envoi en Province, sur demande, des **Échantillons** avec Gravure de Mode et Indications nécessaires pour prendre soi-même les Mesures et EXPÉDIE contre Remboursement FRANCO au-dessus de **25** francs.

SUCCURSALES :

LYON, rue Saint-Pierre, 25. | NANTES, cours Cambronne.
MARSEILLE, rue Pavillon, 28 | ANGERS, rue Saint-Laud, 72.

PARIS, place Clichy
(au coin des rues de Clichy et d'Amsterdam).

LE FIGARO

Abonnements : PARIS, trois mois. . . . . 15 francs.

Abonnements : DÉPARTEMENTS, trois mois. . . . 18 francs.

HÔTEL DU FIGARO

26, RUE DROUOT, 26

PARIS

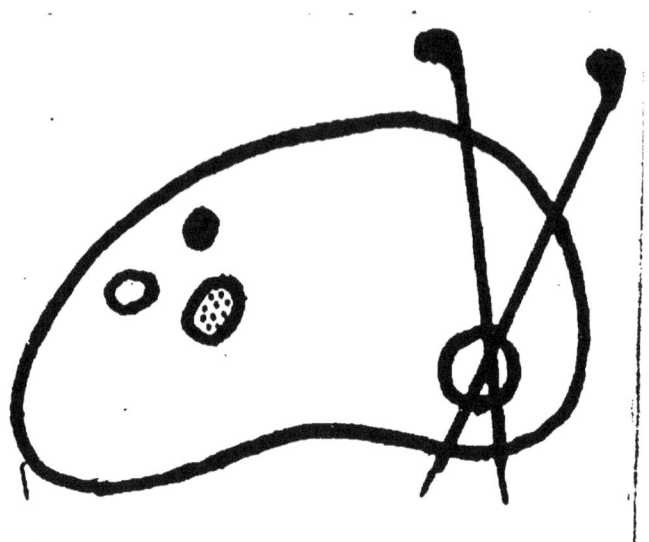

Fin d'une série de documents en couleur

ŒUVRES COMPLÈTES

DE

GEORGE SAND

LA COUPE

CALMANN LÉVY, ÉDITEUR

ŒUVRES COMPLÈTES
DE
GEORGE SAND
Format grand in-18.

Les Amours de l'Age d'Or	1 vol		Jean Ziska. — Gabriel	1 vol
Adriani	1 —		Jeanne	1 —
André	1 —		Journal d'un voyageur pendant la guerre	1 —
Antonia	1 —			
Autour de la table	1 —		Laura	1 —
Le Beau Laurence	1 —		Lélia. — Métella. — Cora	2 —
Les Beaux Messieurs de Bois-Doré	2 —		Lettres d'un voyageur	1 —
			Lucrézia Floriani-Lavinia	1 —
Cadio	1 —		Mlle La Quintinie	1 —
Césarine Dietrich	1 —		Mlle Merquem	1 —
Le Chateau des Désertes	1 —		Les Maitres mosaïstes	1 —
Le Chateau de Pictordu	1 —		Les Maitres sonneurs	1 —
Le Compagnon du tour de France	2 —		Malgrétout	1 —
			La Mare au Diable	1 —
La Comtesse de Rudolstadt	2 —		Le Marquis de Villemer	1 —
			Ma sœur Jeanne	1 —
La Confession d'une jeune fille	2 —		Mauprat	1 —
			Le Meunier d'Angibault	1 —
Constance Verrier	1 —		Monsieur Sylvestre	1 —
Consuelo	3 —		Mont-Revêche	1 —
La Coupe	1 —		Nanon	1 —
Les Dames vertes	1 —		Narcisse	1 —
La Daniella	2 —		Nouvelles	1 —
La Dernière Aldini	1 —		La Petite Fadette	1 —
Le Dernier Amour	1 —		Le Péché de M. Antoine	2 —
Les Deux Frères	1 —		Le Piccinino	2 —
Le Diable aux champs	1 —		Pierre qui roule	1 —
Elle et Lui	1 —		Promenades autour d'un village	1 —
La Famille de Germandre	1 —			
La Filleule	1 —		Le Secrétaire intime	1 —
Flamarande	1 —		Les Sept cordes de la Lyre	1 —
Flavie	1 —			
Francia	1 —		Simon	1 —
François le Champi	1 —		Tamaris	1 —
Histoire de ma vie	10 —		Tévérino. — Leone Leoni	1 —
Un Hiver à Majorque. — Spiridion	1 —		Théâtre complet	4 —
			Théâtre de Nohant	1 —
L'Homme de neige	3 —		La Tour de Percemont. — Marianne	1 —
Horace	1 —			
Impressions et Souvenirs	1 —		L'Uscoque	1 —
Indiana	1 —		Valentine	1 —
Isidora	1 —		Valvèdre	1 —
Jacques	1 —		La Ville Noire	1 —
Jean de la Roche	1 —			

LA COUPE

LUPO LIVERANI
LE TOAST
R — LE CONTREBANDIER
RÊVERIE A PARIS

PAR

GEORGE SAND

PARIS
CALMANN LÉVY, ÉDITEUR
ANCIENNE MAISON MICHEL LÉVY FRÈRES
RUE AUBER, 3, ET BOULEVARD DES ITALIENS, 15,
A LA LIBRAIRIE NOUVELLE
—
1876
Droits de reproduction et de traduction réservés

LA COUPE

FÉERIE

A MON AMI ALEXANDRE MANCEAU.

GEORGE SAND.

> « Il y a trois choses que Dieu ne peut point ne pas accomplir : ce qu'il y a de plus avantageux, ce qu'il y a de plus nécessaire, ce qu'il y a de plus beau pour chaque chose. »
> (*Mystère des Bardes,* tr. 7.)

LIVRE PREMIER

I

L'enfant du prince a voulu se promener bien haut sur la montagne, et son gouverneur l'a suivi. L'enfant a voulu voir de près les belles neiges et les grandes glaces qui ne fondent jamais, et son gouverneur n'a pas osé l'en empêcher. L'enfant a joué avec son chien au bord d'une fente du glacier. Il a glissé, il a crié, il a disparu, et son gouverneur n'a pas osé se jeter après lui ; mais le chien s'est élancé dans l'abîme pour sauver l'enfant, et le chien aussi a disparu.

II

Pendant des minutes qui ont paru longues comme des heures, on a entendu le chien japper et l'enfant crier. Le bruit descendait toujours et allait s'étouffant dans la profondeur inconnue, et puis on a vainement écouté : la profondeur était muette. Alors les valets du prince et les pâtres de la montagne ont essayé de descendre avec des cordes ; mais ils n'ont vu que la fente verdâtre qui plongeait toujours plus bas et devenait toujours plus rapide.

III

Ils y ont en vain risqué leur vie, et ils ont été dire au prince ce qu'ils avaient fait. Le prince les a fait pendre pour avoir laissé périr son fils. On a tranché la tête à plus de vingt nobles qui pouvaient avoir des prétentions à la couronne et qui avaient bien certainement signé un pacte avec les esprits de la montagne pour faire mourir l'héritier ducal. Quant à maître Bonus, le gouverneur, on a écrit sur tous les murs qu'il serait brûlé à petit feu, ce que voyant, il a tant couru qu'on n'a pu le prendre.

IV

L'enfant a eu bien peur et bien froid dans les profondeurs du glacier. Le chien n'a pu l'empêcher de glisser au plus bas; mais, le retenant toujours par sa ceinture, il l'a empêché de glisser trop vite et de se briser contre les glaces. Entraîné par le poids de l'enfant, il a tant résisté qu'il a les pattes en sang et les ongles presque arrachés. Cependant il n'a pas lâché prise, et quand ils ont enfin trouvé un creux où ils ont pu s'arrêter, le chien s'est couché sur l'enfant pour le réchauffer.

V

Et tous deux étaient si las qu'ils ont dormi. Quand ils se sont réveillés, ils ont vu devant eux une femme si mince et si belle qu'ils n'ont su ce que c'était. Elle avait une robe aussi blanche que la neige et de longs cheveux en or fin qui brillaient comme des flammes répandues sur elle. Elle a souri à l'enfant, mais sans lui parler, et, le prenant par la main, elle l'a fait sortir du glacier et l'a emmené dans une grande vallée sauvage où le chien tout boiteux les a suivis.

VI

Cachée dans un pli profond des montagnes, cette vallée est inconnue aux hommes. Elle est défendue par les hautes murailles de granit et par les glaciers impénétrables. Elle est horrible et riante, comme il convient aux êtres qui l'habitent. Sur ses flancs, les aigles, les ours et les chamois ont caché leurs refuges. Dans le plus profond, la chaleur règne, les plus belles plantes fleurissent ; les fées y ont établi leur séjour, et c'est à ses sœurs que la jeune Zilla conduit l'enfant qu'elle a trouvé dans les flancs glauques du glacier.

VII

Quand l'enfant a vu les ours passer près de lui,

il a eu peur, et le chien a tremblé et grondé ; mais la fée a souri, et les bêtes sauvages se sont détournées de son chemin. Quand l'enfant a vu les fées, il a eu envie de rire et de parler ; mais elles l'ont regardé avec des yeux si brillants qu'il s'est mis à pleurer. Alors Zilla, le prenant sur ses genoux, l'a embrassé au front, et les fées ont été en colère, et la plus vieille lui a dit en la menaçant :

VIII

« Ce que tu fais là est une honte : jamais fée qui se respecte n'a caressé un enfant. Les baisers d'une fée appartiennent aux colombes, aux jeunes faons, aux fleurs, aux êtres gracieux et inoffensifs ; mais l'animal impur et malfaisant que tu nous amènes souille tes lèvres. Nous n'en voulons point ici, et, quant au chien, nous ne le souffrirons pas davantage. C'est l'ami de l'homme, il a ses instincts de destruction et ses habitudes de rapine ; reconduis ces créatures où tu les as prises.

IX

Zilla a répondu à la vieille Trollia : « Vous

êtes aussi fière et aussi méchante que si vous étiez née de la vipère ou du vautour. Ne vous souvient-il plus d'avoir été femme avant d'être fée, et vous est-il permis de haïr et de mépriser la race dont vous sortez? Quand, sur les derniers autels de nos antiques divinités, vous avez bu le breuvage magique qui nous fit immortelles, n'avez-vous pas juré de protéger la famille des hommes et de veiller sur leur postérité? »

X

Alors la vieille Trollia : « Oui, j'ai juré, comme vous, de faire servir la science de nos pères au bonheur de leurs descendants ; mais les hommes nous ont déliées de notre serment. Comment nous ont-ils traitées? Ils ont servi de nouveaux dieux et nous ont appelées sorcières et démons. Ils nous ont chassées de nos sanctuaires, et, détruisant nos demeures sacrées, brûlant nos antiques forêts, reniant nos lois et raillant nos mystères, ils ont brisé les liens qui nous unissaient à leur race maudite.

XI

» Pour moi, si j'ai jamais regretté de m'être, par le breuvage magique, soustraite à l'empire de la mort, c'est en songeant que j'avais perdu le pouvoir de la donner aux hommes. Autrefois, grâce à la science, nous pouvions jouer avec elle, la hâter ou la reculer. Désormais elle nous échappe et se rit de nous. L'implacable vie qui nous possède nous condamne à respecter la vie. C'est un grand bien pour nous de n'être plus forcées de tuer pour vivre ; mais c'est un grand mal aussi d'être forcé de laisser vivre ce que l'on voudrait voir mort. »

XII

En disant ces cruelles choses, la vieille magicienne a levé le bras comme pour frapper l'enfant; mais son bras est retombé sans force; le chien s'est jeté sur elle et a déchiré sa robe, souillée de taches noires qu'on dit être les restes du sang humain versé jadis dans les sacrifices. L'enfant, qui n'a pas compris ses paroles, mais qui a vu son geste horrible, a caché son visage dans le sein de la douce Zilla, et toutes les jeunes fées ont ri follement de la rage de la sorcière et de l'audace du chien.

XIII

Les vieilles ont tancé et injurié les jeunes, et tant de paroles ont été dites que les ours en ont grogné d'ennui dans leurs tanières. Et tant de cris, de menaces, de rires, de moqueries et d'imprécations ont monté dans les airs, que les plus hautes cimes ont secoué leurs aigrettes de neige sur les arbres de la vallée. Alors la reine est arrivée, et tout est rentré dans le silence, car la reine des fées peut, dit-on, retirer le don de la parole à qui en abuse, et perdre la parole est ce que les fées redoutent le plus.

XIV

La reine est jeune comme au jour où elle a bu la coupe, car, en se procurant l'immortalité, les fées n'ont pu ni se vieillir ni se rajeunir, et toutes sont restées ce qu'elles étaient à ce moment suprême. Ainsi les jeunes sont toujours impétueuses ou riantes, les mûres toujours sérieuses ou mélancoliques, les vieilles toujours décrépites ou chagrines. La reine est grande et fraîche, c'est la plus forte, la plus belle, la plus douce et la plus sage des fées; c'est aussi la plus savante, c'est elle qui jadis a découvert le grand secret de la coupe d'immortalité.

XV

« Trollia, dit-elle, ta colère n'est qu'un bruit inutile. Les hommes valent ce qu'ils valent et sont ce qu'ils sont. Haïr est contraire à toute sagesse. Mais toi, Zilla, tu as été folle d'amener ici cet enfant. Avec quoi le feras-tu vivre? Ne sais-tu pas qu'il faut qu'il respire et qu'il mange à la manière des hommes? Lui permettras-tu de tuer les animaux ou de leur disputer l'œuf, le lait et le miel, ou seulement les plantes qui sont leur nourriture? Ne vois-tu pas qu'avec lui tu fais entrer la mort dans notre sanctuaire?

XVI

— Reine, répond la jeune fée, la mort ne règne-t-elle donc pas ici comme ailleurs? Avons-nous pu la bannir de devant nos yeux? et de ce que les fées ne la donnent pas, de ce que l'arome des fleurs suffit à leur nourriture, de ce que leur pas léger ne peut écraser un insecte, ni leur souffle éthéré absorber un atome de vie dans la nature, s'ensuit-il que les animaux ne se dévorent ni ne s'écrasent les uns les autres? Qu'importe que, parmi ces êtres dont la vie ne s'alimente que par la destruction, j'en amène ici deux de plus?

XVII

— Le chien, je te le passe, dit la reine ; mais l'enfant amènera ici la douleur sentie et la mort tragique. Il tuera avec intelligence et préméditation, il nous montrera un affreux spectacle, il augmentera les pensées de meurtre et de haine qui règnent déjà chez quelques-unes d'entre nous, et la vue d'un être si semblable à nous, commettant des actes qui nous sont odieux, troublera la pureté de nos songes. Si tu le gardes, Zilla, tâche de modifier sa terrible nature, ou il me faudra te le reprendre et l'égarer dans les neiges où la mort viendra le chercher. »

XVIII

La reine n'a rien dit de plus. Elle conseille et ne commande pas. Elle s'éloigne et les fées se dispersent. Quelques-unes restent avec Zilla et l'interrogent. « Que veux-tu donc faire de cet enfant ? Il est beau, j'en conviens, mais tu ne peux l'aimer, Vierge consacrée; tu as jadis prononcé le vœu terrible; tu n'as connu ni époux ni famille; aucun souvenir de ta vie mortelle ne t'a laissé le regret et le rêve de la maternité. D'ailleurs l'immortalité délivre de ces faiblesses et quiconque a bu la coupe a oublié l'amour.

XIX

— Il est vrai, dit Zilla, et ce que je rêve pour cet enfant n'a rien qui ressemble aux rêves de la vie humaine : il est pour moi une curiosité, et je m'étonne que vous ne partagiez pas l'amusement qu'il me donne. Depuis tant de siècles que nous avons rompu tout lien d'amitié avec sa race, nous ne la connaissons plus que par ses œuvres. Nous savons bien qu'elle est devenue plus habile et plus savante, ses travaux et ses inventions nous étonnent ; mais nous ne savons pas si elle en vaut mieux pour cela et si ses méchants instincts ont changé.

XX

— Et tu veux voir ce que deviendra l'enfant des hommes, isolé de ses pareils et abandonné à lui-même, ou instruit par toi dans la haute science? Essaie. Nous t'aiderons à le conduire ou à l'observer. Souviens-toi seulement qu'il est faible et qu'il n'est pas encore méchant. Il te faudra donc le soigner mieux que l'oiseau dans son nid, et tu as pris là un grand souci, Zilla. Tu es aimable et douce, mais tu as plus de caprices que de volontés. Tu te lasseras de cette chaîne, et peut-être ferais-tu mieux de ne pas t'en charger. »

XXI

Elles parlaient ainsi par jalousie, car l'enfant leur plaisait, et plus d'une eût voulu le prendre. Les fées n'aiment pas avec le cœur, mais leur esprit est plein de convoitises et de curiosités. Elles s'ennuient, et ce qui leur vient du monde des hommes, où elles n'osent plus pénétrer ouvertement, leur est un sujet d'agitation et de surprise. Un joyau, un animal domestique, une montre, un miroir, tout ce qu'elles ne savent pas faire et tout ce dont elles n'ont pas besoin les charme et les occupe.

XXII

Elles méprisent profondément l'humanité; mais elles ne peuvent se défendre d'y songer et d'en jaser sans cesse. L'enfant leur tournait la tête. Quelques-unes convoitaient aussi le chien; mais Zilla était jalouse de ses captures, et, trouvant qu'on les lui disputait trop, elle les emmena dans une grotte éloignée du sanctuaire des fées et montra à l'enfant l'enceinte de forêts qu'il ne devait pas franchir sans sa permission. L'enfant pleura en lui disant : « J'ai faim. » Et quand elle l'eut fait manger, voyant qu'elle le quittait, il lui dit : « J'ai peur. »

XXIII

Zilla, qui avait trouvé l'enfant vorace, le trouva stupide, et, ne voulant pas se faire son esclave, elle lui montra où les chevrettes allaitaient leurs petits, où les abeilles cachaient leurs ruches, où les canards et les cygnes sauvages cachaient leurs œufs, et elle lui dit : « Cherche ta nourriture. Cache-toi aussi, toi, pour dérober ces choses, car les animaux deviendraient craintifs ou méchants, et les vieilles fées n'aiment pas à voir déranger les habitudes de leur vie. » L'enfant du prince s'étonna bien d'avoir à chercher lui-même une si maigre chère. Il bouda et pleura, mais la fée n'y fit pas attention.

XXIV

Elle n'y fit pas attention, parce qu'elle ne se rappelait que vaguement les pleurs de son enfance, et que ces pleurs ne représentaient plus pour elle une souffrance appréciable. Elle s'en alla au sabbat, et le lendemain l'enfant eut faim et ne bouda plus. Le chien, qui ne boudait jamais, attrapa un lièvre et le mangea bel et bien. Au bout de trois jours, l'enfant pensa qu'il pourrait aisément ramasser du bois mort, allumer du feu et faire cuire le gibier pris par son chien; mais, comme il était paresseux, il se contenta des autres mets et les trouva bons.

XXV

Un peu plus tard, il oublia que les hommes font cuire la viande, et, voyant que son chien la mangeait crue avec délices, il y goûta et s'en rassasia. Quand la fée Zilla revint du concile, elle trouva l'enfant gai et frais, mais sauvage et malpropre. Il avait les dents blanches et les mains ensanglantées, le regard morne et farouche; il ne savait déjà presque plus parler; las de chercher où il était, et pourquoi son sort était si changé, il ne songeait plus qu'à manger et à dormir.

XXVI

Le chien au contraire était propre et avenant. Son intelligence avait grandi dans le dévouement de l'amitié. La fée eut envie d'abandonner l'enfant et d'emmener le chien. Et puis elle se souvint peu du passé et résolut de civiliser l'enfant à sa manière; mais il fallait se décider à lui parler, et elle ne savait quelle chose lui dire. Elle connaissait bien sa langue, elle n'était pas des moins savantes; mais elle ne se faisait guère d'idée des raisons que l'on peut donner à un enfant pour changer ses instincts.

XXVII

Elle essaya. Elle lui dit d'abord : « Souviens-toi que tu appartiens à une race inférieure à la mienne. » L'enfant se souvint de ce qu'il était et lui répondit : « Tu es donc impératrice? car, moi, je suis prince. » La fée reprit : « Je veux te faire plus grand que tous les rois de la terre. » L'enfant répondit : « Rends-moi à ma mère qui me cherche. » La fée reprit : « Oublie ta mère et n'obéis qu'à moi. » L'enfant eut peur et ne répondit pas. La fée reprit : « Je veux te rendre heureux et sage, et t'élever au-dessus de la nature humaine. » L'enfant ne comprit pas.

XXVIII

La fée essaya autre chose. Elle lui dit : « Aimais-tu ta mère? — Oui, répondit l'enfant. — Veux-tu

m'aimer comme elle? — Oui, si vous m'aimez.— Que me demandes-tu là? dit la fée souriant de tant d'audace. Je t'ai tiré du glacier où tu serais mort; je t'ai défendu contre les vieilles fées qui te haïssaient, et caché ici où elles ne songent plus à toi. Je t'ai donné un baiser, bien que tu ne sois pas mon pareil. N'est-ce pas beaucoup, et ta mère eût-elle fait pour toi davantage?
— Oui, dit l'enfant, elle m'embrassait tous les jours. »

XXIX

La fée embrassa l'enfant, qui l'embrassa aussi en lui disant : « Comme tu as la bouche froide ! » Les fées sont joueuses et puériles comme les gens qui n'ont rien à faire de leur corps. Zilla essaya de faire courir et sauter l'enfant. Il était agile et résolu, et prit d'abord plaisir à faire assaut avec elle; mais bientôt il vit des choses extraordinaires. La fée courait aussi vite qu'une flèche, ses jambes fines ne connaissaient pas la fatigue, et l'enfant ne pouvait la suivre.

XXX

Quand elle l'invita à sauter, elle voulut, pour lui donner l'exemple, franchir une fente de rochers ; mais, trop forte et trop sûre de ne pas se faire de mal en tombant, elle sauta si haut et si loin que l'enfant épouvanté alla se cacher dans un buisson. Elle voulut alors l'exercer à la nage, mais il eut peur de l'eau et demanda une nacelle, ce qui fit rire la fée, et lui, voyant qu'elle se moquait, se sentant méprisé et par trop inférieur à elle, il lui dit qu'il ne voulait plus d'elle pour sa mère.

XXXI

Elle le trouva faible et poltron. Pendant quelques jours, elle l'oublia ; mais comme ses compagnes lui demandaient ce qu'il était devenu et lui reprochaient de l'avoir pris par caprice et de l'avoir laissé mourir dans un coin, elle courut le chercher et leur montra qu'il était bien portant et bien vivant. « C'est bon, dit la reine ; puisqu'il peut se tirer d'affaire sans causer trop de dommage, je consens à ce qu'il soit ici comme un animal vivant à la manière des autres, car je vois bien que tu n'en sauras rien faire de mieux. »

XXXII

Zilla comprit que la sage et bonne reine la blâmait, et elle se piqua d'honneur. Elle retourna tous les jours auprès de l'enfant, y passa plus de temps chaque jour, apprit à lui parler doucement, le caressa un peu plus, mit plus de complaisance à le faire jouer en ménageant ses forces et en exerçant son courage. Elle lui apprit aussi à se nourrir sans verser le sang, et elle vit qu'il était éducable, car il s'ennuyait d'être seul, et pour la faire rester avec lui, il obéissait à toutes ses volontés, et même il avait des grâces caressantes qui flattaient l'amour-propre de la fée.

XXXIII

Pourtant l'hiver approchait, et bien que l'enfant n'y songeât point, bien qu'il jouât avec la neige qui peu à peu gagnait la grotte où la fée l'avait logé, le chien commençait à hurler et à aboyer contre les empiétements de cette neige insensible qui avançait toujours. Zilla vit bien qu'il fallait ôter de là l'enfant, si elle ne voulait le voir mourir. Elle l'emmena au plus creux de la vallée, et elle pria ses compagnes de l'aider à lui bâtir une maison, car il est faux que les fées sachent tout faire avec un coup de baguette.

XXXIV

Elles ne savent faire que ce qui leur est nécessaire, et une maison leur est fort inutile. Elles n'ont jamais chaud ni froid que juste pour leur agrément. Elles sautent et dansent un peu plus en hiver qu'en été, sans jamais souffrir tout à fait dans leur corps ni dans leur esprit. Elles gambadent sur la glace aussi volontiers que sur le gazon, et s'il leur plaît de sentir en janvier la moiteur d'avril, elles se couchent avec les ours blottis dans leurs grottes de neige, et elles y dorment pour le plaisir de rêver, car elles ont fort peu besoin de sommeil.

XXXV

Zilla n'eût osé confier l'enfant aux ours. Ils n'étaient pas méchants ; mais, à force de le sentir et de le lécher, ils eussent pu le trouver bon.

Les jeunes fées qu'elle invita à lui bâtir un gîte s'y prêtèrent en riant et se mirent à l'œuvre pêle-mêle, à grand bruit. Elles voulaient que ce fût un palais plus beau que tous ceux que les hommes construisent et qui ne ressemblât en rien à leurs misérables inventions. La reine s'assit et les regarda sans rien dire.

XXXVI

L'une voulait que ce fût très-grand, l'autre que ce fût très-petit ; l'une que ce fût comme une boule, l'autre que tout montât en pointe; l'une qu'on n'employât que des pierres précieuses, l'autre que ce fût fait avec les aigrettes de la graine de chardon ; l'une que ce fût découvert comme un nid, l'autre que ce fût enfoui comme une tanière. L'une apportait des branches, l'autre du sable, l'une de la neige, l'autre des feuilles de roses, l'une de petits cailloux, l'autre des fils de la Vierge; le plus grand nombre n'apportait que des paroles.

XXXVII

La reine vit qu'elles ne se décidaient à rien et que la maison ne serait jamais commencée; elle appela l'enfant et lui dit : « Est-ce que tu ne saurais pas bâtir ta maison toi-même ? c'est un ouvrage d'homme. » L'enfant essaya. Il avait vu bâtir. Il alla chercher des pierres, il fit, comme il put, du mortier de glaise qu'il pétrit avec de la mousse; il éleva des murs en carré, il traça des compartiments, il entre-croisa des branches, il fit un toit de roseaux et se meubla de quelques pierres et d'un lit de fougère.

XXXVIII

Les fées furent émerveillées d'abord de l'intelligence et de l'industrie de l'enfant, et puis elles s'en moquèrent, disant que les abeilles, les castors et les fourmis travaillaient beaucoup mieux. La reine les reprit de la sorte : « Vous vous trompez; les animaux qui vivent forcément en société ont moins d'intelligence que ceux qui peuvent vivre seuls. Une abeille meurt quand elle ne peut rejoindre sa ruche; un groupe de castors égarés oublie l'art de construire et se contente d'habitations grossières. Dans ce monde-là, personne n'existe, on ne dit jamais *moi*.

XXXIX

» Ces êtres qui vivent d'une mystérieuse tradition, toujours transmise de tous à chacun, sans qu'aucun d'eux y apporte un changement quelconque, sont inférieurs à l'être le plus misérable et le plus dépourvu dont l'esprit cherche et combine. C'est pour cela que l'homme, notre ancêtre, est le premier des animaux, et que son travail, étant le plus varié et le plus changeant, est le plus beau de tous. Voyez ce qu'il peut faire avec le souvenir, comme il invente l'expérience, et comme il sait accommoder à son usage les matériaux les plus grossiers !

XL

» — L'homme, dit Zilla, serait donc meilleur et plus habile s'il vivait dans l'isolement? — Non, Zilla, il lui faut la société volontaire et non la réunion forcée. Seul il peut lutter contre toutes choses, et là où les autres animaux succombent, il triomphe par l'esprit; mais il a le désir d'un autre bonheur que celui de conserver son corps; c'est pourquoi il cherche le commerce de ses semblables afin qu'ils lui donnent le pain de l'âme, et le besoin qu'il a des autres est encore une liberté. »

XLI

Zilla s'efforça de comprendre la reine, que les autres fées ne comprenaient pas beaucoup. Elles avaient gardé les idées barbares du temps où elles étaient semblables à nous sur la terre, et si leur science les faisait pénétrer mieux que jadis et mieux que nous dans les lois de renouvellement du grand univers, elles ne se rendaient plus compte de la marche suivie par la race humaine dans ce petit monde où elles s'ennuyaient, faute de pouvoir y rien changer. Elles avaient voulu ne plus changer elles-mêmes, il leur fallait bien s'en consoler en méprisant ce qui change.

XLII

Zilla, toute pensive, résolut de procurer à son enfant adoptif tout ce qu'il pouvait souhaiter, afin de voir le parti qu'il en saurait tirer. « Voilà ta maison bâtie, lui dit-elle. Que voudrais-tu pour l'embellir ? — J'y voudrais ma mère, dit l'enfant.

— Je vais tâcher de te l'amener », dit la fée, et, sachant qu'elle pouvait faire des choses très-difficiles, elle partit après avoir mis l'enfant sous la protection de la reine. Elle partit pour le monde des hommes, en se laissant emporter par le torrent.

XLIII

Ce torrent, qui donne naissance à un grand fleuve dont les hommes ne connaissent pas la source, sort du glacier où était tombé l'enfant du prince. Il se divise en mille filets d'argent pour arroser et fertiliser le Val-des-Fées, puis il se réunit à l'entrée d'un massif de roches énormes qui est la barrière naturelle de leur royaume. Là le torrent, devenu rivière, se précipite dans des abîmes effroyables, s'engouffre dans des cavernes où le jour ne pénètre jamais, et de chute en chute arrive par des voies inconnues au pays des hommes.

XLIV

Les fées, pour lesquelles il n'est pas de site infranchissable, peuvent sortir de chez elles par les cimes neigeuses, par les flèches des glaciers ou par les fentes du roc ; mais elles préfèrent se laisser emporter par la rivière, qui ne leur fait pas plus de mal qu'à un flocon d'écume en les précipitant dans ses abîmes. En peu d'instants, Zilla se trouva dans les terres cultivées et s'approcha d'un village de bergers et de bûcherons, où elle vit un homme étrangement vêtu qui, monté sur une grosse pierre, parlait à la foule.

XLV

Cet homme disait : « Serfs et vassaux, priez pour la grande duchesse qui est morte hier, et priez aussi pour l'âme de son fils Hermann, qui a péri dans les glaces du Mont-Maudit. La duchesse n'a pu se consoler. Dieu l'a rappelée à lui. Le duc vous envoie ses aumônes afin que vous disiez pour tous deux des prières. » Et le héraut jeta de l'or et de l'argent aux bergers et aux bûcherons, qui se battirent pour le ramasser, et remercièrent Dieu de la mort qui leur procurait cette aubaine.

XLVI

La fée fut contente aussi de la mort de la duchesse. « L'enfant ne me tourmentera plus, pensa-t-elle, pour que je le rende à sa mère. Je vais lui porter quelque chose afin de le consoler, et, avisant un sac de blé, elle lui fit signe de la suivre, et le sac de blé, obéissant au pouvoir mystérieux qui était en elle, la suivit. Un peu plus loin elle vit un âne et lui commanda de porter le sac de blé. Elle emmena aussi une petite charrue, pensant, d'après ce qu'elle voyait autour d'elle, que ces jouets plairaient au petit Hermann.

XLVII

Pourtant ce n'était pas ce que les hommes qu'elle avait sous les yeux estimaient le plus. Elle les voyait se battre encore pour les pièces de monnaie répandues à terre. Elle suivit le héraut, qui s'en allait avec une mule blanche chargée d'un coffre plein d'or et d'argent, destiné aux libéralités de la dévotion ducale. Elle fit signe à la mule, qui suivit l'âne et la charrue, et le héraut n'y prit pas garde. La fée avait jeté sur lui et sur son escorte un charme qui les fit dormir à cheval pendant plus de quinze lieues.

XLVIII

La fée ne se fit aucune conscience de voler ces choses. C'était pour l'enfant du prince, et tout dans le pays lui appartenait. D'ailleurs les fées ne reconnaissent pas nos lois et ne partagent pas nos idées. Elles nous considèrent comme les plus grands pillards de la création, et ce que nous volons à la nature, elles pensent avoir le droit de nous le reprendre. Comme elles n'ont guère besoin de nos richesses, il faut dire qu'elles ne nous font pas grand tort. Pourtant leurs fantaisies sont dangereuses. Elles ont fait pendre plus d'un malheureux accusé de leurs rapts.

XLIX

Suivie de son butin, Zilla se rapprocha de la montagne, et, connaissant dans la forêt un passage par où elle pouvait rentrer dans le Val-aux-Fées avec sa suite, elle pénétra au plus épais des pins et des mélèzes. Là elle s'arrêta surprise en rencontrant sous ses pieds un être bizarre qui lui causa un certain dégoût : c'était un vieux homme grand et sec, barbu comme une chèvre et chauve comme un œuf, avec un nez fort gros et une robe noire tout en guenilles.

L

Il paraissait mort, car un vautour venait de s'abattre sur lui et commençait à vouloir goûter à ses mains ; mais en se sentant mordu, le moribond fit un cri, saisit l'oiseau, et, l'étouffant, il le mordit au cou et se mit à sucer le sang avec une rage horrible et grotesque. C'était la première fois que la fée voyait pareille chose : le vautour mangé par le cadavre ! Elle pensa que ce devait être un événement fatidique de sa compétence, et elle demanda au vieillard ce qui le faisait agir ainsi.

LI

« Bonne femme, répondit-il, ne me trahissez pas. Je suis un proscrit qui se cache, et la faim m'a jeté là par terre, épuisé et mourant ; mais le ciel m'a envoyé cet oiseau que je mange à demi vivant, comme vous voyez, n'ayant pas le loisir de m'en repaître d'une manière moins sauvage. » Ce malheureux croyait parler à une vieille ramasseuse de bois, car s'il n'est pas prouvé que les fées puissent prendre toutes les formes, il est du moins certain qu'elles peuvent produire toutes les hallucinations.

LII

« Relève-toi et suis-moi, dit-elle. Je vais te conduire en un lieu où tu pourras vivre sans que les hommes t'y découvrent jamais. » Le proscrit suivit la fée jusqu'à une corniche de rochers si étroite et si effrayante que l'âne et le mulet reculèrent épouvantés; mais la fée les charma, et ils passèrent. Quant à l'homme, il avait tellement le désir d'échapper à ceux qui le poursuivaient qu'il ne fut pas nécessaire de lui fasciner la vue. Il suivit les animaux, et, dès qu'il eut mis le pied dans le Val-aux Fées, il reconnut, dans celle qui le conduisait, une fée du premier ordre.

LIII

« Je ne suis pas un novice et un ignorant, lui dit-il, et j'ai assez étudié la magie pour voir à qui j'ai affaire. Vous me conduisez en un lieu dont je ne sortirai jamais malgré vous, je le sais bien ; mais, quel que soit le sort que vous me destinez, il ne peut être pire que celui que me réservaient les hommes. Donc j'obéis sans murmure, sachant bien aussi que toute résistance serait inutile. Peut-être aurez-vous quelque pitié d'un vieillard, et quelque curiosité de le voir mourir de sa belle mort, qui ne saurait tarder.

LIV

— Tu te vantes d'être savant, et tu es inepte, répondit Zilla. Si tu connaissais les fées, tu saurais qu'elles ne peuvent commettre aucun mal. Le grand Esprit du monde ne leur a permis de conquérir l'immortalité qu'à la condition qu'elles respecteraient la vie ; autrement votre race n'existerait plus depuis longtemps. Suis-moi et ne dis plus de sottises, ou je vais te reconduire où je t'ai pris. — Dieu m'en garde ! — pensa le vieillard, et, prenant un air plus modeste, il arriva avec la fée à la demeure nouvelle du petit prince Hermann.

LV

Depuis un jour entier que la fée était absente, l'enfant, qui était bon, n'avait ni travaillé, ni joué, ni mangé. Il attendait sa mère et ne pensait plus qu'à elle. Quand il vit arriver le vieillard, il courut à lui, croyant qu'il annonçait et précédait la duchesse. « Maître Bonus, dit-il, soyez le bienvenu, » et, se rappelant ses manières de prince, il lui donna sa main à baiser; mais le pauvre gouverneur faillit tomber à la renverse en retrouvant l'enfant qu'il croyait ne jamais revoir, et il pleura de joie en l'embrassant comme si c'eût été le fils d'un vilain.

LVI

Alors la fée apprit à l'enfant que sa mère était morte, sans songer qu'elle lui faisait une grande peine et sans comprendre qu'un être soumis à la mort pût ne pas se soumettre à celle des autres comme à une chose toute naturelle. L'enfant pleura beaucoup, et dans son dépit il dit à la fée que puisqu'elle ne lui rapportait qu'une mauvaise nouvelle, elle eût bien pu se dispenser de lui ramener son précepteur. La fée haussa les épaules et le quitta fâchée. Maître Bonus ne se fâcha pas. Il s'assit auprès de l'enfant et pleura de le voir pleurer.

LVII

Ce que voyant, l'enfant, qui était très-bon, l'embrassa et lui dit qu'il voulait bien le garder près de lui et le loger dans sa maison, à la condition qu'il ne lui parlerait plus jamais d'étudier. « Au fait, dit maître Bonus, puisque nous voilà ici pour toujours, je ne sais trop à quoi nous servirait l'étude. Occupons-nous de vivre. J'avoue que je tiens à cela, et si vous m'en croyez, nous mangerons un peu; il y a si longtemps que je jeûne ! » En ce moment, le chien revenait de la chasse avec un beau lièvre entre les dents.

LVIII

Le chien fit amitié au pédagogue et lui céda volontiers sa proie, que maître Bonus se mit en devoir de faire cuire; mais les fées, qui le surveillaient, lui envoyèrent une hallucination épouvantable : aussitôt qu'il commença d'écorcher le lièvre, le lièvre grandit et prit sa figure, de manière qu'il s'imagina s'écorcher lui-même. Saisi d'horreur, il mit l'animal sur les charbons, espérant se délivrer de son rêve en respirant l'odeur de la viande grillée ; mais ce fut lui qu'il fit griller dans des contorsions hideuses, et même il crut sentir dans sa propre chair qu'il brûlait en effet.

LIX

Il se rappela qu'il était condamné par les hommes à être rôti tout vivant, et, sentant qu'il ne fallait pas mécontenter les fées, il rendit la viande au chien et y renonça pour toujours. Alors il s'en alla dehors pour recueillir des racines, des fruits et des graines, et il en fit une si grande provision pour l'hiver que la maison en était pleine et qu'il y restait à peine de la place pour dormir. Et ensuite, craignant d'être volé par les fées, et s'imaginant savoir assez de magie pour leur inspirer le respect, il fit avec de la terre des figures symboliques qu'il planta sur le toit.

LX

Mais sa science était fausse et ses symboles si barbares que les fées n'y firent d'autre attention que de les trouver fort laids et d'en rire. Les voyant de bonne humeur, il s'enhardit à demander où il pourrait se procurer des outils de travail, sans lesquels il lui était impossible, disait-il, de rien faire de bien. Elles le menèrent alors dans une grotte où elles avaient entassé une foule d'objets volés par elles dans leurs excursions, et abandonnés là après que leur curiosité s'en était rassasiée.

LXI

Maître Bonus fut étonné d'y trouver des ustensiles de toute espèce et des objets de luxe mêlés à des débris sans aucune valeur. Ce qu'il y chercha d'abord, ce fut une casserole, des plats et des pincettes. Il les déterra du milieu des bijoux et des riches étoffes. Il aperçut des sacs de farine, des confitures sèches, une aiguière et un bassin. Il regarda à peine les livres et les écritoires. « Songeons au corps avant tout, se dit-il ; l'esprit réclamera plus tard sa nourriture, si bon lui semble. »

LXI

Il fit avec Hermann plusieurs voyages à la grotte que les fées regardaient comme leur musée et qu'il appelait, lui, tout simplement le magasin. Ils y trouvèrent tout ce qu'il fallait pour faire du beurre, des fromages et de la pâtisserie. Hermann y découvrit force friandises qu'il emporta, et maître Bonus, après de nombreux essais, parvint à faire de si bons gâteaux qu'un évêque s'en fût léché les doigts. Et, dans la douce occupation de bien dormir et de bien manger, le pédagogue oublia ses jours de misère et ne chicana pas le jeune prince pour lui apprendre à lire.

LXIII

La reine des fées vint voir l'établissement, et comme plusieurs de ses compagnes étaient mécontentes de voir deux hommes, au lieu d'un, s'établir sur leurs domaines, elle leur dit : « Je ne sais de quoi vous vous tourmentez. Cet homme

est vieux, et ne vivra que le temps nécessaire à
l'enfance d'Hermann. C'est du reste un animal
curieux, et le soin qu'il prend de son corps me
paraît digne d'étude. Voyez donc tout ce que cet
homme invente pour se conserver ! Mais il manque de propreté, et je veux qu'il soit convenablement vêtu. »

LXIV

Elle appela maître Bonus, et lui dit : « Ta robe
usée et les habits déchirés de cet enfant choquent
mes regards. Occupe-toi un peu moins de pétrir
des gâteaux et d'inventer des crèmes. Si tu ne
sais coudre ni filer, cherche dans la grotte quelque vêtement neuf, et que je ne vous retrouve
pas sous ces haillons. — Oui-da, Madame, répondit le pédagogue, cachant sa peur sous un air de
galanterie; il sera fait selon votre vouloir, et si
ma figure peut vous devenir agréable, je n'épargnerai rien pour cela. »

LXV

Mais il ne trouva point d'habits pour son sexe
dans le magasin des fées, et, ne sachant que faire,

il pria la vieille Milith, qui était une fée un peu idiote, ayant bu la coupe au moment où elle tombait en enfance, de l'aider à se vêtir. Milith aimait à être consultée, et comme personne ne lui faisait cet honneur, elle prit en amitié le pédagogue, et lui donna une de ses robes neuves qui était en bonne laine bise, de même que le chaperon bordé de rouge, et, ainsi habillé en femme, maître Bonus semblait être une grande fée bien laide.

LXVI

Alors la petite Régis, qui passait, le trouva si drôle qu'elle en rit une heure; mais, tout en riant, elle lui persuada de lui amener l'enfant, qu'elle voulait aussi habiller avec une de ses robes, et quand elle l'eut entre les mains, elle le lava, le parfuma, arrangea ses cheveux, le couronna de fleurs, lui mit un collier de perles, une ceinture d'or où elle fixa les mille plis de sa jupe rose, et le trouva si beau ainsi, qu'elle voulut le faire chanter et danser, pour admirer son ouvrage.

LXVII

Hermann aussi se trouvait beau, et il se plaisait dans cette robe parfumée; mais il ne savait pas obéir, et il refusa de danser, ce qui mit la petite Régis en colère. Elle lui arracha son collier, lui déchira sa robe, et, comme une fée très-fantasque qu'elle était, elle lui ébouriffa les cheveux, lui barbouilla la figure avec le jus d'une graine noire, et le laissa tout honteux, presque nu, et furieux de ne pouvoir rendre à cette folle les injures dont elle l'accablait.

LXVIII

Cependant maître Bonus, voyant la petite Régis en colère, s'était sauvé. Hermann, en le rejoignant, lui reprocha d'avoir fui devant une fée si menue, et de n'avoir pas plus de cœur qu'une poule. « Je serais courageux et fort que je n'aurais pu vous défendre, répondit le pédagogue. Vous voyez bien que vous n'avez pu vous défendre vous-même. Les fées, même celles qui ne sont pas plus grosses que des mouches, sont des êtres bien redoutables, et le mieux est de souffrir leurs caprices sans se révolter.

XLIX

» Quant à moi, qui dois être rôti à petit feu si je sors d'ici, je suis bien décidé à me prêter à toutes les fantaisies de ces dames, et si l'on m'eût ordonné de danser, j'aurais obéi et fait la cabriole par-dessus le marché. » L'enfant sentit que son pédagogue avait raison, mais il ne l'en méprisa que plus, car la raison ne conseille pas toujours les plus belles choses. Il courut trouver Zilla pour lui raconter sa mésaventure et lui montrer de quelle manière on l'avait houspillé. Zilla en rougit d'indignation et le mena devant la reine pour porter plainte contre Régis.

LXX

« Tu as mérité ce qui t'arrive, dit la reine à Hermann ; tu soutiens si mal devant nous la dignité que ta race s'attribue, que personne ici n'y peut croire. Tu vis moins noblement qu'un animal sauvage, car celui-ci se contente de ce qu'il trouve, et vous autres, ton précepteur et toi, vous ne songez qu'à aiguiser votre appétit pour augmenter votre faim naturelle. Vous ne pensez pas plus à la nourriture de votre esprit que si vous n'étiez que bouche et ventre : vraiment vous êtes méprisables et ne m'intéressez point. »

LXXI

L'enfant fut mortifié, et Zilla comprit que la leçon de la reine s'adressait à elle plus qu'à l'enfant. Elle dit à Hermann que s'il voulait s'instruire, elle y mettrait tous ses soins, et, l'emmenant avec elle, elle lui choisit une tunique de blanche laine dont elle l'habilla d'une façon plus mâle que n'avait fait Régis, et puis elle lui donna un vêtement de peau pour courir dans la forêt, et de belles armes pour se préserver des animaux qui pourraient le menacer en le voyant devenu grand ; mais elle lui fit jurer de ne jamais verser le sang que pour défendre sa vie.

LXXII

Et puis elle lui donna un livre et lui dit que quand il pourrait le lire, elle se chargerait de lui apprendre de belles choses qui le rendraient heureux. Hermann alla trouver maître Bonus, et d'un coup de pied vraiment héroïque il jeta dans le feu les gâteaux que le pédagogue était en train de pétrir. « Je ne veux plus être méprisé, lui dit-il ; je ne veux plus faire un dieu de mon ventre, je veux être beau et fier de recevoir des compliments. Je t'ordonne de m'apprendre à lire ; je veux savoir demain. »

LXXIII

Maître Bonus obéit en soupirant ; mais comme le lendemain l'enfant ne savait pas encore lire, l'enfant se dépita et lui dit : « Tu ne sais pas me montrer. Peut-être ne sais-tu rien. S'il en est ainsi, reste sous ces habits de servante qui te conviennent, fais la cuisine et appelle-toi maîtresse Bona. Je reviendrai souper et coucher à ton hôtellerie, mais j'irai chercher ailleurs l'honneur de ma race et le savoir qui rend heureux. » Et il sortit avec son chien, laissant le gouverneur stupéfait de l'entendre parler ainsi.

LXXIV

Quand Zilla vit arriver l'enfant résolu et soumis, plein d'orgueil et d'ambition, bien qu'il répétât sans les comprendre les mots qu'il avait entendu dire à la reine et à elle, elle s'étonna de voir la puissance de l'amour-propre sur sa jeune âme, et elle voulut bien essayer de l'instruire elle-même. Elle le trouva si attentif et si intelligent qu'elle y prit goût, et peu à peu, le gardant chaque jour plus longtemps auprès d'elle, elle arriva à ne plus pouvoir se passer de sa compagnie.

LXXV

Lorsque le soleil brillait, elle se promenait avec lui et lui apprenait le secret des choses divines dans la nature, l'histoire de la lumière et son mariage avec les plantes, le mystère des pierres et le langage des eaux; la manière de se faire entendre des animaux les plus rebelles à l'homme, de se faire suivre par les arbres et les rochers, d'évoquer avec le chant les puissances immatérielles, de faire jaillir des étincelles de ses doigts et de causer avec les esprits cachés sous la terre.

LXXVI

Au clair de la lune, elle lui apprenait le langage symbolique de la nuit, l'histoire des étoiles, et la manière de monter les nuages en rêvant. Elle lui enseignait à se séparer de son corps et à voir avec des yeux magiques qu'elle lui faisait trouver dans les gouttes d'eau de la prairie. Elle lui disait aussi en quoi est faite la voie lactée, et quelquefois elle le fit sortir de son propre esprit et se promener dans les espaces muets au-dessus des plus hautes montagnes.

LXXVII

Quand le vent, la neige et la pluie menaçaient d'engourdir l'âme de son élève, elle le conduisait dans les grottes mystérieuses où les fées qui entretiennent le feu mystique consentaient à l'admettre à quelques-uns de leurs entretiens. Là il apprit à converser avec l'âme des morts, à lire dans la pensée des absents, à voir à travers les roches les plus épaisses, à mesurer les hauteurs du ciel sans le regarder, à peser la terre et les planètes au moyen d'une balance invisible, et

mille autres secrets merveilleux qui sont jeux
d'enfant pour les fées.

LXXVIII

Quand Hermann sut toutes ces choses, il avait
déjà quinze ans, et il était si beau, si aimable,
si instruit, et toujours si agréable à voir, que si
les fées eussent été capables d'aimer, elles en
eussent toutes été éprises ; mais leurs appétits
sont si bien réglés par l'impossibilité de mourir
qu'il ne leur est pas possible d'aspirer à un sentiment humain un peu profond ; l'amitié même
leur est interdite comme pouvant leur causer du
chagrin et troubler le parfait et monotone équilibre de leur existence.

LXXIX

Ce qui leur reste de l'humanité est mesuré juste
à la faculté de s'émouvoir sans souffrance ou sans
durée. Ainsi elles sont impétueuses et irascibles,
mais elles oublient vite, et ne s'en portent que
mieux. Elles ont beaucoup de coquetteries et de
jalousies, mais étant toujours libres d'oublier si
elles veulent, et de déposer leur souci et leur

dépit quand elles en sont lasses, elles s'agitent pour rien et se réjouissent de même. Elles ne connaissent pas le bonheur et par conséquent ne le cherchent pas ; qu'en feraient-elles ?

LXXX

Elles ont la science et n'en jouissent pas à notre manière, car elles ne l'emploient qu'à se préserver des malheurs de l'ignorance, sans connaître la joie d'en préserver les autres. Quand elles eurent instruit le jeune Hermann, elles s'en applaudirent parce qu'il était pour elles une société et presque un égal ; mais à chaque instant elles se disaient l'une à l'autre pour s'empêcher de l'aimer : « N'oublions pas qu'il doit mourir. » Pourtant, s'il faisait un compliment à l'une, l'autre boudait, et il lui fallait la consoler en lui faisant un compliment plus beau.

LXXXI

Ce qui ne prouve pas qu'elles fussent sottes ou vaines ; mais elles s'estiment beaucoup pour avoir conquis par la science une manière d'exister qui les rend inaccessibles à nos peines. La plus jalouse de toutes était Zilla, parce qu'elle avait des droits sur Hermann ou croyait en avoir, et quand il vantait la gaieté de Régis ou la sagesse de la reine, Zilla devenait froide pour lui et se rappelait le peu qu'un enfant des hommes était devant elle.

LXXXII

Pourtant Hermann l'aimait plus que toutes les autres et il la regardait comme sa mère ; mais il y avait en lui de la crainte et de l'orgueil, et on parlait si peu autour de lui le langage de l'amour, qu'il n'eût osé songer à aimer quelqu'un plus que lui-même. Il allait de temps en temps voir maître Bonus, qui continuait à inventer des mets friands et qui ne se trouvait pas malheureux dans sa solitude, sauf que les fées s'amusaient de temps en temps à le lutiner.

LXXXIII

Elles lui procuraient toute sorte d'hallucinations ridicules. Tantôt il se croyait femme et rêvait qu'un Éthiopien voulait le vendre aux califes d'Orient. Alors il se cachait dans les rochers et souffrait la faim, ce qui était pour lui une grosse peine. D'autres fois Régis lui persuadait qu'elle était éprise de lui, et l'attirait à des rendez-vous où il était berné et battu par des mains invisibles. Tout cela était pour le punir de prétendre à la magie et de se livrer à de grossières et puériles incantations.

LXXXIV

Du reste il se portait bien, il engraissait et ne vieillissait guère, car les fées sont bonnes au fond, et quand elles l'avaient fatigué ou effrayé, elles lui donnaient du sommeil ou de l'appétit en dédommagement. Hermann essayait de s'intéresser à son sort; mais lorsqu'il le voyait si égoïste et si positif, il s'éloignait de lui avec dédain. Le seul être qui lui témoignât une amitié véritable, c'était son chien, et quelquefois, quand les yeux de cet animal fidèle semblaient lui dire : « Je t'aime », Hermann, sans savoir pourquoi, pleurait.

LXXXV

Mais le chien était devenu si vieux qu'un jour il ne put se lever pour suivre son maître. Hermann, effrayé, courut trouver Zilla. « Mon chien va mourir, lui dit-il, il faut empêcher cela. — Je ne le puis, répondit-elle; il faut que tout meure sur la terre, excepté les fées. — Prolonge sa vie de quelques années, reprit Hermann. Tu peux faire des choses plus difficiles. Si mon chien meurt, que deviendrai-je? C'est ce que j'aime le mieux sur la terre après toi, et je ne puis me passer de son amitié.

LXXXVI

— Tu parles comme un fou, dit la fée. Tu peux aimer ton chien, puisqu'il faut que l'homme aime toujours follement quelque chose; mais je ne veux pas que tu dises que tu m'aimes, puisque ton chien a droit à des mots que tu m'appliques. Si ton chien meurt, j'irai t'en chercher un autre, et tu l'aimeras autant.— Non, dit Hermann, je n'en veux pas d'autre après lui, et puisque je ne dois pas t'aimer, je n'aimerai plus rien que la mort. »

LXXXVII

Le chien mourut, et l'enfant fut inconsolable. Maître Bonus ne comprit rien à sa douleur, et les fées la méprisèrent. Alors Hermann irrité sentit ce qui lui manquait dans le royaume des fées. Il y était choyé et instruit, protégé et comblé de biens; mais il n'était pas aimé, et il ne pouvait aimer personne. Zilla essaya de le distraire en le menant avec elle dans les plus beaux endroits de la montagne. Elle le fit pénétrer dans les palais merveilleux que les fées élèvent et détruisent en une heure.

LXXXVIII

Elle lui montra des pyramides plus hautes que l'Himalaya et des glaciers de diamant et d'escarboucle, des châteaux dont les murs n'étaient que fleurs entrelacées, des portiques et des colonnades de flamme, des jardins de pierreries où les oiseaux chantaient des airs à ravir l'âme et les sens; mais Hermann en savait déjà trop pour prendre ces choses au sérieux; et un jour il dit à Zilla : « Ce ne sont là que des rêves, et ce que tu me montres n'existe pas. »

LXXXIX

Elle essaya de le charmer par un songe plus beau que tous les autres. Elle le mena dans la lune. Il s'y plut un instant et voulut aller dans le soleil. Elle redoubla ses invocations, et ils allèrent dans le soleil. Hermann ne crut pas davantage à ce qu'il y voyait ; toujours il disait à la fée : « Tu me fais rêver, tu ne me fais pas vivre. » Et quand il s'éveillait, il lui disait : « Je ne me rappelle rien, c'est comme si je n'avais rien vu. »

XC

Et l'ennui le prit. La reine vit qu'il était pâle et accablé. « Puisque tu ne peux aimer le ciel, lui dit-elle, essaie au moins d'aimer la terre. » Hermann réfléchit à cette parole. Il se rappela qu'autrefois Zilla lui avait donné du blé, une charrue, un âne et un mulet. Il laboura, sema et planta, et il prit plaisir à voir comme la terre est féconde, docile et maternelle. Maître Bonus fut charmé d'avoir à moudre du blé et à faire du pain tous les jours.

XCI

Mais Hermann ne comprenait pas le plaisir de manger seul, et après avoir vu ce que la terre peut rendre à l'homme qui lui prête, il ne lui demanda plus rien et retourna à ce qu'elle lui donnait gratuitement. La reine lui dit : « Le torrent n'est pas toujours limpide. Depuis les derniers orages, il entraîne et déchire ses rives, et là où tu te plaisais à nager, il apporte des roches et du limon. Essaie de le diriger. Tâche d'aimer l'eau, puisque tu n'aimes plus la terre. »

XCII

Hermann dirigea le torrent et lui rendit sa beauté, sa voix harmonieuse, sa course légère, ses doux repos dans la petite coupe des lacs ; mais un jour il le trouva trop soumis, car il n'avait plus rien à lui commander. Il abattit les écluses qu'il avait élevées et se plut à voir l'eau reprendre sa liberté et recommencer ses ravages. « Quel est ce caprice ? lui dit Zilla. — Pourquoi, lui répondit-il, serais-je le tyran de l'eau ? Ne pouvant être aimé, je n'ai pas besoin d'être haï. »

XCIII

Zilla trouva son fils ingrat, et, pour la première fois depuis beaucoup de siècles, elle eut un mécontentement qui la rendit sérieuse. « Je veux l'oublier, dit-elle à la reine, car il me donne plus de souci qu'il ne mérite. Permets que je le fasse sortir d'ici et que je le rende à la société de ses pareils. Tu me l'avais bien dit que je m'en lasserais, et la vieille Trollia avait raison de blâmer ma protection et mes caresses.

XCIV

— Fais ce que tu voudras, dit la reine, mais sache que cet enfant sera malheureux à présent parmi les hommes, et que tu ne l'oublieras pas aussi vite que tu l'espères. Nous ne devons rien détruire, et pourtant tu as détruit quelque chose dans son âme. — Quoi donc? dit Zilla. — L'ignorance des biens qu'il ne peut posséder. Essaie de l'exiler, et tu verras! — Que verrai-je, puisque je veux ne plus le voir? — Tu le verras dans ton esprit, car il se fera reproche, et ce fantôme criera jour et nuit après toi. »

XCV

Zilla ne comprit pas ce que lui disait la reine. N'ayant jamais fait le mal, même avant d'avoir bu la coupe, elle ne redoutait pas le remords, ne sachant ce que ce pouvait être. Libre d'agir à sa guise, elle dit à Hermann : « Tu ne te plais point ici ; veux-tu retourner parmi les tiens ? » Mille fois Hermann avait désiré ce qu'elle lui proposait et jamais il n'avait osé le dire, craignant de paraître ingrat et d'offenser Zilla. Surpris par son offre, il doutait qu'elle fût sérieuse.

XCVI

« Ma volonté, répondit-il, sera la tienne.
— Eh bien ! dit-elle, va chercher maître Bonus, et je vous ferai sortir de nos domaines. » Il fut impossible de décider maître Bonus à quitter le Val-des-Fées. Il alla se jeter aux pieds de la reine et lui dit : « Veux-tu que j'aille achever ma vie dans les supplices ? Est-ce que je gêne quelqu'un ici ? Je ne vis que de végétaux et de miel. Je respecte vos mystères et n'approche jamais de vos antres. Laissez-moi mourir où je suis bien. »

XCVII

Il lui fut accordé de rester, et le jeune Hermann, qui était devenu un homme, déclarant qu'il n'avait

nul besoin de son gouverneur, partit seul avec
Zilla. Quand ils durent passer l'effrayante corniche de rochers où aucun homme du dehors n'eût
osé se risquer, elle voulut l'aider d'un charme
pour le préserver du vertige. « Non, lui dit-il,
je connais ce chemin, je l'ai suivi plus d'une fois,
et j'eusse pu m'échapper depuis longtemps. —
Pourquoi donc restais-tu malgré toi ? » dit Zilla.
Hermann ne répondit pas.

XCVIII

Il était fâché que la fée lui fît cette question.
Elle aurait dû deviner que le respect et l'affection l'avaient seuls retenu. Zilla comprit son
fier silence et commença à devenir triste du
sacrifice qu'elle s'imposait ; mais elle l'avait
résolu, et elle continua de marcher devant lui.
Quand ils furent à la limite de séparation, elle
lui donna l'or qu'elle avait autrefois dérobé au
héraut du duc son père et qu'elle avait offert
à l'enfant comme un jouet. Il l'avait dédaigné
alors, et, cette fois encore, il sourit et le prit
sans plaisir.

XCIX

« Tu ne saurais te passer de ce gage, lui dit-elle. Ici tu n'auras le droit de rien prendre sur la terre. Il te faudra observer les conditions de l'échange. » Hermann ne comprit pas. Elle avait dédaigné de l'instruire des lois et des usages de la société humaine. Il était bien tard pour l'avertir de tout ce qui allait le menacer dans ce monde nouveau. D'ailleurs Hermann ne l'écoutait pas, il était comme ivre, car son âme était impatiente de prendre l'essor; mais son ivresse était pleine d'amertume, et il se retenait de pleurer.

C

En ce moment, si la fée lui eût dit: « Veux-tu revenir avec moi? » il l'eût aimée et bénie; mais elle défendait son cœur de toute faiblesse, elle avait les yeux secs et la parole froide. Hermann sentait bien qu'il n'avait encore aimé qu'une ombre, et, se faisant violence, il lui dit adieu. Quand elle eut disparu, il s'assit et pleura. Zilla, en se retournant, le vit et fut prête à le rappeler; mais ne fallait-il pas qu'elle l'oubliât, puisqu'elle ne pouvait le rendre heureux?

LIVRE DEUXIÈME

I

Pourtant, lorsque Zilla rentra dans la vallée, il lui sembla que tout était changé. L'air lui semblait moins pur, les fleurs moins belles, les nuages moins brillants. Elle s'étonna de ne pas trouver l'oubli et fit beaucoup d'incantations pour l'évoquer. L'oubli ne vint pas, et la fée fit des réflexions qu'elle n'avait jamais faites. Elle cacha à ses sœurs et à la reine le déplaisir qu'elle avait ; mais elle eut beau chanter aux étoiles et danser dans la rosée, elle ne retrouva pas la joie de vivre.

II

Des semaines et des mois se passèrent sans que son ennui fût diminué. D'abord elle avait cru qu'Hermann reviendrait ; mais il ne revint pas, et elle en conçut de l'inquiétude. La reine lui dit : « Que t'importe ce qu'il est devenu ? Il est peut-être mort, et tu dois désirer qu'il le soit. La mort efface le souvenir. » Zilla sentit que le mot de mort tombait sur elle comme une souffrance. Elle s'en étonna et dit à la reine : « Pourquoi ne savons-nous pas où vont les âmes après la mort?

III

— Zilla, répondit la reine, ne songe point à cela, nous ne le saurons jamais; les hommes ne nous l'apprendront pas. Ils ne le savent que quand ils ont quitté la vie, et nous, qui ne la quittons pas, nous ne pouvons ni deviner où ils vont, ni espérer jamais les rejoindre. — Ce monde-ci, reprit Zilla, doit-il donc durer toujours, et sommes-nous condamnées à ne jamais voir ni posséder autre chose?— Telle est la loi que nous avons acceptée, ma sœur. Nous durerons ce que durera la terre, et si elle doit périr, nous périrons avec elle.

IV

— O reine! les hommes doivent-ils donc lui survivre? — Leurs âmes ne périront jamais. — Alors c'est eux les vrais immortels, et nous sommes des éphémères dans l'abîme de l'éternité. — Tu l'as dit, Zilla. Nous savions cela quand nous avons bu la coupe, l'as-tu donc oublié? — J'étais jeune alors, et la gloire de vaincre la mort m'a enivrée. Depuis j'ai fait comme les autres. Le mot d'avenir ne m'a plus offert aucun sens; le présent m'a semblé être l'éternité.

V

— D'où te vient donc aujourd'hui, dit la reine, l'inquiétude que tu me confies et la curiosité qui te trouble? — Je ne le sais pas, répondit Zilla. Si je pouvais connaître la douleur, je te dirais qu'elle est entrée en moi. » Zilla n'eut pas plutôt prononcé cette parole que des larmes mouillèrent ses yeux purs, et la reine la regarda avec une profonde surprise; puis elle lui dit : « J'avais prévu que tu te repentirais d'avoir abandonné l'enfant; mais ton chagrin dépasse mon attente. Il faut qu'il soit arrivé malheur à Hermann, et ce malheur retombe sur toi.

VI

— Reine, dit la jeune fée, je veux savoir ce qu'Hermann est devenu. » Elles firent un charme.

Zilla, enivrée par les parfums du trépied magique, pencha sa belle tête comme un lis qui va mourir et la vision se déploya devant elle. Elle vit Hermann au fond d'une prison. Il avait été vite dépouillé, par les menteurs et les traîtres, de l'argent qu'il possédait. Ayant faim, il avait volé quelques fruits, et il comparaissait devant un juge qui ne pouvait lui faire comprendre que, quand on n'a pas de quoi manger, il faut travailler ou mourir.

VII

A cette vision une autre succéda. Hermann, n'ayant pas compris la justice humaine, comparaissait de nouveau devant le juge, qui le condamnait à être battu de verges et à sortir de la résidence ducale. Le jeune homme indigné déclarait alors qu'il était le fils du feu duc, l'aîné du prince régnant, le légitime héritier de la couronne échue à son frère. Zilla le crut sauvé. — Justice lui sera rendue, pensa-t-elle. Il va être prince, et, comme nous l'avons rendu savant et juste, son peuple le respectera et le chérira.

VIII

Mais une autre vision lui montra Hermann accusé d'imposture et de projets séditieux, et condamné à mort. Alors la fée s'éveilla en entendant retentir au loin cette parole : *C'est pour demain!* Quelque bonne magicienne qu'elle fût, elle n'avait pas le don de transporter son corps aussi vite que son esprit. Si les fées peuvent franchir de grandes distances, c'est parce qu'elles ne connaissent pas la fatigue; mais à toutes choses il faut le temps, et Zilla comprit pour la première fois le prix du temps.

IX

« Donne-moi des ailes! » dit-elle à la reine; mais la reine n'avait point inventé cela. « Fais-moi conduire par un nuage rapide »; mais ni les hommes ni les fées n'avaient découvert cela. « Fais-moi porter par le vent à travers l'espace. —Tu me demandes l'impossible, dit la reine. Pars vite et ne compte que sur toi-même. » Zilla partit, elle se lança dans le torrent, elle fut portée comme par la foudre; mais, arrivée à la plaine, elle se trouva dans une eau endormie, et préféra courir.

X

Elle était légère autant que fée peut l'être, mais elle n'avait jamais eu besoin de se presser, et, l'énergie humaine n'agissant point en elle pour lui donner la fièvre, elle vit que les piétons qui se rendaient à la ville pour voir pendre l'imposteur Hermann allaient plus vite qu'elle. Humiliée de se voir devancer par de lourds paysans, elle avisa un cavalier bien monté et sauta en croupe derrière lui. Il la trouva belle et sourit ; mais tout aussitôt il ne la vit plus et crut qu'il avait rêvé.

XI

Cependant le cheval la sentait, car elle l'excitait à courir, et l'animal effrayé se cabra si follement qu'il renversa son maître. Elle lui enfonça son talon brûlant dans la croupe, et il fournit une course désespérée au bout de laquelle, ayant dépassé ses forces, il tomba mort aux portes de la ville. Zilla prit le manteau du cavalier, qui était resté accroché à la selle, et elle se glissa dans la foule qui se ruait vers l'échafaud.

XII

Le peuple était furieux et hurlait des imprécations parce qu'on venait de lui apprendre que l'imposteur Hermann avait réussi à s'évader. Il voulait qu'on pendît à sa place le geôlier, le gouverneur de la prison et le bourreau lui-même, qui ne lui donnait pas le spectacle attendu. Le grand chef de la police parut sur un balcon et apaisa cette foule en lui disant: « On n'a pu encore rattraper l'imposteur Hermann, mais on va vous donner le spectacle quand même. »

XIII

Et des hérauts crièrent aux quatre coins de la place : « Vous allez voir pendre sans jugement le scélérat qui a fait fuir le condamné. » La foule battit des mains, et le bourreau apprêta sa corde. On amena la victime, et la fée vit quelque chose d'extraordinaire. Celui qui avait sauvé Hermann n'était autre que maître Bonus, qui s'avançait résigné en remettant son âme à Dieu. « C'en est fait, dit-il à la fée, qui s'approcha de lui ; j'ai mal veillé jadis sur le prince, et on m'a condamné au feu. Je le sauve aujourd'hui, et voici la corde. J'accomplis ma destinée. »

XIV

Maître Bonus, après le départ de son élève, s'était ennuyé dans le royaume des fées. Il avait eu honte de sa couardise ; il s'était dit aussi que le prince Hermann, étant le légitime héritier de la couronne, le sauverait du bûcher. Profitant de ce que les fées l'avaient oublié dans son désert, il était parti depuis huit jours déjà, et il avait pu pénétrer dans la ville sans être reconnu sous ses habits de femme. Là, apprenant que le prince était en prison, il avait été trouver le prince régnant.

XV

Il lui avait juré qu'Hermann était son frère, et le prince régnant lui avait permis d'essayer de le faire évader, à la condition qu'ils retourneraient tous deux chez les fées et ne troubleraient plus la paix de ses États. Maître Bonus avait sauvé Hermann en lui donnant sa robe et son chaperon. Il était resté en prison à sa place, comptant qu'il serait respecté en montrant le sauf-conduit du prince régnant; mais, dans sa précipitation à changer d'habit, il avait laissé le sauf-conduit dans la poche de sa robe.

XVI

Et, sans le savoir, Hermann s'en allait avec ce papier, tandis qu'on allait pendre maître Bonus. Zilla résolut de sauver le vieillard, et, faisant claquer ses doigts, elle foudroya le bourreau, qui tomba comme ivre et ne put être réveillé par les cris de la multitude. Des gardes qui voulurent s'emparer de la fée et du patient furent frappés d'immobilité, et tous ceux qui se présentèrent pour les remplacer ne purent secouer l'engourdissement que leur jeta la magicienne.

XVII

Elle conduisit le vieillard dans une forêt où il lui apprit en se reposant la route qu'Hermann avait dû prendre sans risque, grâce au sauf-conduit. « Allons le chercher », dit Zilla, et bien vite ils

4.

repartirent. Plusieurs jours après, ils le rejoignirent sur les terres d'un prince voisin, et ils le trouvèrent travaillant à couper et à débiter des arbres pour gagner sa vie. En voyant apparaître ses amis, il jeta sa cognée et voulut les suivre.

XVIII

Mais une jeune fille qui s'approchait en ce moment l'arrêta d'un regard plus puissant que celui de toutes les fées. C'était pourtant une pauvre fille qui marchait pieds nus, la servante du maître bûcheron qui avait enrôlé le prince parmi ses manœuvres. Tous les jours elle apportait sur sa tête l'eau et le pain qu'Hermann mangeait et buvait à midi. Elle allait ainsi servir les autres ouvriers épars dans la forêt, et elle ne s'arrêtait point à causer avec eux.

XIX

Elle avait à peine échangé quelques paroles avec Hermann, mais leurs yeux s'étaient parlé. Elle était belle et modeste. Hermann avait vingt ans, et il n'avait pas encore aimé. Depuis trois jours, il aimait la pauvre Bertha, et quand la fée

lui dit : « Partons »; il lui répondit : « Jamais;
à moins que tu ne me permettes d'emmener
cette compagne. — Tu seras toujours un fou,
reprit Zilla. Tu as à peine passé une saison
parmi les hommes; ils ont voulu te faire mourir;
et tu prétends aimer parmi eux.

XX

— Je ne prétends rien, dit Hermann. Hier,
j'étais prêt à mourir sur l'échafaud, et je mau-
dissais ma race : aujourd'hui j'aime cette enfant
et je sens que l'humanité est ma famille. — Ne
vois-tu pas, reprit la fée, que tu vivras ici dans
la servitude, le travail et la misère ? — J'accepte
tous les maux, si j'ai le bonheur d'être aimé. »
Zilla prit à part la jeune fille et lui demanda si
elle voulait être la compagne d'Hermann. Elle
rougit et ne répondit pas. « Songe, lui dit la fée,
que son royaume est la solitude. »

XXI

Bertha demanda s'il était exilé. « Pour toujours,
dit la fée. — Mais n'êtes-vous pas sa fiancée ? »
La fée sourit avec dédain. « Pardonnez-moi, dit

Bertha, je veux savoir s'il n'aime que moi. » La fée vit que sa beauté rendait Bertha jalouse, et son orgueil s'en réjouit; mais la jeune fille pleura, et Hermann, accourant, dit à la fée : « Pourquoi fais-tu pleurer celle que j'aime? Et si tu ne veux pas qu'elle me suive, comment espères-tu que je te suivrai?

XXII

— Venez donc tous deux, dit la fée; mais si tu t'ennuies encore chez nous avec cette compagne, ne compte plus que je m'intéresserai à toi. » Ils partirent tous les quatre, car maître Bonus, plus que jamais, en avait assez du commerce des humains, et ils retournèrent dans le Val-des-Fées, où l'union d'Hermann et de Bertha fut consacrée par la reine, et puis les jeunes époux allèrent vivre avec maître Bonus dans une belle maison de bois qu'Hermann construisit pour sa compagne.

XXIII

Alors les fées virent quelle chose puissante était l'amour dans deux jeunes cœurs également purs, et quel bonheur ces deux enfants goûtaient dans leur solitude. Maître Bonus avait repris ses habits de femme avec empressement, et ses fonctions de ménagère avec orgueil. Bertha, simple et humble, avait du respect pour lui et admirait sincèrement sa pâtisserie. Hermann, depuis que son précepteur s'était dévoué pour lui, lui pardonnait sa gourmandise et lui témoignait de l'amitié.

XXIV

Il travaillait avec ardeur à cultiver la terre et à préparer les plus douces conditions d'existence à sa famille, car il eut bientôt un fils, puis deux, et puis une fille, et à chaque présent de Dieu il augmentait sa prévoyance et embellissait son domaine. Bertha était si douce qu'elle avait gagné la bienveillance de Zilla et de toutes les jeunes fées ; et même Zilla aimait désormais Bertha plus qu'Hermann, et leurs enfants plus que l'un et l'autre.

XXV

Zilla ne se reconnaissait plus elle-même auprès de ces enfants. L'ambition d'être aimée lui était venue si forte que l'équité de son esprit en était troublée. Un jour, elle dit à Bertha : « Donne-moi ta fille. Je veux une âme qui soit à moi sans partage. Hermann ne m'a jamais aimée malgré ce que j'ai fait pour lui. — Vous vous trompez, Madame, répondit Bertha. Il eût voulu vous chérir comme sa mère, c'est vous qui ne l'aimiez pas comme votre fils.

XXVI

— Je ne pouvais l'aimer ainsi, reprit la fée. Je sentais qu'il regrettait quelque chose, ou qu'il aspirait à une tendresse que je ne pouvais lui inspirer; mais ta fille ne te connaît pas encore. Elle ne regrettera personne. Je l'emporterai dans nos sanctuaires, elle ne verra jamais que moi, et j'aurai tout son cœur et tout son esprit pour moi seule. — Et l'aimerez-vous comme je l'aime? dit Bertha, car vous parlez toujours d'être aimée, sans jamais rien promettre en retour.

XXVII

— Qu'importe que je l'aime, dit la fée, si je la rends heureuse? — Jurez de l'aimer passionnémcnt, s'écria Bertha méfiante, ou je jure que vous ne l'aurez pas. » La fée, irritée, alla se plaindre à la reine. « Ces êtres sont insensés, lui dit-elle. Ils ne comprennent pas ce que nous sommes pour eux. Ils nous doivent tout, la sécurité, l'abondance, l'offre de tous les dons de la science et de l'esprit. Eh bien! ils ne nous en savent point de gré. Ils nous craignent peut-être, mais ils ne veulent point nous chérir sans conditions.

XXVIII

— Zilla, dit la reine, ces êtres ont raison. La plus belle et la plus précieuse chose qu'ils possèdent, c'est le don d'aimer, et ils sentent bien que nous ne l'avons pas. Nous qui les méprisons, nous sommes tourmentées du besoin d'inspirer l'affection, et le spectacle de leur bonheur éphémère détruit le repos de notre immortalité. De quoi nous plaindrions-nous? Nous avons voulu échapper aux lois rigides de la mort, nous échappons aux douces lois de la vie, et nous sentons un regret profond que nous ne pouvons pas définir.

XXIX

— O ma reine, dit Zilla, voilà que tu parles comme si tu le ressentais toi-même, ce regret qui me consume! — Je l'ai ressenti longtemps, répondit la reine ; il m'a dévorée, mais j'en suis guérie. — Dis-moi ton secret! s'écria la jeune fée. — Je ne le puis, Zilla! Il est terrible et te glacerait d'épouvante. Supporte ton mal et tâche de t'en distraire. Étudie le cours des astres et les merveilles du mystérieux univers. Oublie l'humanité et n'espère pas établir de liens avec elle. »

XXX

Zilla, effrayée, se retira ; mais la reine vit bientôt arriver d'autres jeunes fées qui lui firent les mêmes plaintes et lui demandèrent la permission d'aller voler des enfants chez les hommes. « Hermann et Bertha sont trop heureux, disaient-elles. Ils possèdent ces petits êtres qui ne veulent aimer qu'eux, et qui ne nous accordent qu'en tremblant ou avec distraction leurs sourires et leurs caresses. Hermann et Bertha ne nous envient rien, tandis que nous leur envions leur bonheur.

XXXI

— C'est une honte pour nous, dit Régis, qui était la plus ardente dans son dépit. Nous avons accueilli ces êtres faibles et périssables pour avoir le plaisir de comparer leur misère à notre félicité, pour nous rire de leur faiblesse et de leurs travers, pour nous amuser d'eux, en un mot, tout en leur faisant du bien, ce qui est le privilége et le soulagement de la puissance, et les voilà qui nous bravent et qui se croient supérieurs à nous parce qu'ils ont des enfants et qu'ils les aiment.

XXXII

« Fais que nous les aimions aussi, ô reine! qui nous as faites ce que nous sommes. Si tu es plus sage et plus savante que nous, prouve-le aujourd'hui en modifiant notre nature, que tu as laissée incomplète. Ote-nous quelques-uns des priviléges dont tu as doté notre merveilleuse intelligence, et mets-nous dans le cœur ces trésors de tendresse que les êtres destinés à mourir possèdent si fièrement sous nos yeux. »

XXXIII

Les vieilles fées vinrent à leur tour et déclarèrent qu'elles quitteraient ce royaume, si l'on n'en chassait pas la famille d'Hermann, car elles voyaient bien que sa postérité allait envahir la vallée et la montagne, cultiver la terre, briser les rochers, enchaîner les eaux, irriter, détruire ou soumettre les animaux sauvages, chasser le silence, déflorer le mystère du désert et rendre impossibles les cérémonies, les méditations et les études des doctes et vénérables fées.

XXXIV

« S'il vous plaît de faire alliance avec la race impure, dit la vieille Trollia aux jeunes fées, nous ne pouvons nous y opposer; mais nous avons le droit de nous séparer de vous et d'aller chercher quelque autre sanctuaire vraiment inaccessible, où nous pourrons oublier l'existence des hommes et vivre pour nous seules, comme il convient à des êtres supérieurs. Quant à votre reine, ajouta-t-elle en lançant à celle-ci un regard de menace, gardez-la si vous voulez, nous secouons ses lois et lui déclarons la guerre. »

XXXV

Les jeunes fées défendirent avec véhémence l'autorité de la reine. Celles qui n'étaient ni vieilles ni jeunes se partagèrent, et le concile devint si orageux que les daims épouvantés s'enfuirent à travers la vallée, et que Bertha dit en souriant à Hermann : « Les entends-tu là-haut, ces pauvres fées ? Elles grondent comme le tonnerre et mugissent comme la bourrasque. Elles ont beau pouvoir tout ce qu'elles veulent, elles ne savent pas être heureuses comme nous. Si elles continuent à se quereller ainsi, elles feront crouler la montagne. »

XXXVI

Hermann s'inquiéta pour Zilla, qu'il aimait plus qu'elle ne voulait le reconnaître. « Je ne sais pas quel mal on peut lui faire, dit-il, je ne suis pas initié à tous leurs secrets ; mais je voudrais la savoir à l'abri de cette tempête. — Va la chercher, dit Bertha. Ah ! si elle pouvait comprendre que nous l'aimons ! Mais son malheur est de parler du cœur des autres comme une taupe parlerait des étoiles. Tâche de l'apaiser. Dis-lui que si elle veut vivre avec nous, je lui prêterai mes enfants pour la distraire. »

XXXVII

« On ne prête pas aux fées, pensa Hermann ; elles veulent tout et ne rendent rien. » Il s'en alla dans le haut de la montagne et entendit de près les clameurs de la folle assemblée, car ces âmes vouées au culte obligé de la force et de la sagesse avaient été prises de vertige et demandaient toutes ensemble un changement sur la nature duquel personne n'était d'accord. La reine, immobile, et muette, les laissait s'agiter autour d'elle comme des feuilles soulevées par un tourbillon. Elles parlaient dans la langue des mystères ; Hermann ne put savoir ce qu'elles disaient.

XXXVIII

Dans l'ivresse de leur inquiétude ardente, elles flottaient sur la bruyère aux derniers rayons du soleil, les unes s'élançant d'un bond fantastique sur les roches élevées pour dominer le tumulte et se faire écouter, d'autres s'entassant aux parois inférieures pour se consulter ou s'exciter. On eût dit un de ces conciliabules étranges que tiennent les hirondelles sur le haut des édifices, au moment de partir toutes ensemble vers un but inconnu. Hermann chercha Zilla dans cette foule et vit qu'elle n'y était pas.

XXXIX

Il s'enfonça dans les sombres plis de la montagne et gagna une grotte de porphyre où il savait qu'elle se tenait souvent. Elle n'était pas là. Il pénétra plus avant dans les régions éloignées où fleurit la gentiane bleue comme le ciel. Il trouva Zilla étendue sur le sol, au bord d'un abîme où s'engouffrait une cascade. La belle fée, affaissée sur le roc tremblant, semblait prête à suivre la chute implacable de l'eau dans le gouffre.

XL

Par un mouvement d'effroi involontaire, Hermann la prit dans ses bras et l'éloigna de ce lieu horrible. « Que fais-tu? lui dit-elle avec un triste sourire; oublies-tu que, si je cherchais la mort, elle ne voudrait pas de moi? Et comment peux-tu t'inquiéter d'ailleurs, puisque tu ne peux m'aimer? — Mère,... lui dit Hermann. — Elle l'interrompit : Je n'ai jamais été, je ne serai jamais la mère de personne! — Si je t'offense en t'appelant ainsi, dit Hermann, c'est que tu ne comprends pas ce mot-là.

XLI

« Pourtant lorsque je pleurais, enfant, celle qui m'a mis au monde et que je ne devais plus revoir, tu m'as dit que tu la remplacerais, et tu as fait ton possible pour me tenir parole. J'ai souvent lassé ta patience par mon ingratitude ou ma légèreté; mais toujours tu m'as pardonné et, après m'avoir chassé, tu as couru après moi pour me ramener. Je ne sais pas ce qui nous sépare, ce mystère est au-dessus de mon intelligence; mais il y a une chose que je sais.

XLII

« Cette chose que tu ne comprends pas, toi, c'est que si mon bonheur peut se passer de ta présence, il ne peut se passer de ton bonheur ; tu m'as dit souvent qu'il était inaltérable, et je l'ai cru. Alors, ne pouvant te servir et te consoler, j'ai vécu pour ma famille et pour moi ; mais si tu m'as trompé, si tu es capable de souffrir, de subir quelque injustice, d'éprouver l'ennui de la solitude, de former un souhait irréalisable, me voilà pour souffrir et pleurer avec toi.

XLIII

« Je sais que je ne peux rien autre chose. Je ne suis pas assez savant pour dissiper ton ennui ni assez puissant pour te préserver de l'injustice, et si ton désir immense veut soumettre et posséder l'univers, je ne puis, moi, atome, te le donner ; mais si c'est un cœur filial que tu veux, voilà le mien que je t'apporte. S'il n'apprécie pas bien la grandeur de ta destinée, il adore du moins cette bonté qui réside en toi comme la lumière palpite dans les étoiles. J'ai bien senti que tu ignorais la tendresse, mais j'ai vu que tu ignorais aussi ce qui souille les hommes, la tyrannie et le châtiment.

XLIV

« Et si j'ai souffert quelquefois de te voir si grande, j'ai plus souvent connu la douceur de te sentir si miséricordieuse et infatigable dans ta protection. Et toujours, en dépit de mes langueurs et de mes révoltes, je me suis reproché de ne pouvoir t'aimer comme tu le mérites. Voilà tout ce que je peux te dire, Zilla, et ce n'est rien pour toi. Si tu étais ma pareille, je te dirais : Veux-tu ma vie? Mais la vie d'un homme est peu de chose pour celle qui a vu tomber les générations dans l'abîme du temps.

XLV

« Eh bien! puisque je n'ai rien à t'offrir qui vaille la peine d'être ramassé par toi, vois les regrets amers de mon impuissance, et que cette douleur rachète mon néant. Souviens-toi de ce chien que j'aimais dans mon enfance. Il ne pouvait me parler, il ne comprenait pas ma tristesse et quand je la lui racontais follement pour m'en soulager, il me regardait avec des yeux qui sem-

blaient me dire : « Pardonne-moi de ne pas sa-
» voir de quoi tu me parles. »

XLVI

« Il eût voulu, j'en suis certain, avoir une âme
pareille à la mienne pour partager ma peine ;
mais il n'avait que ses yeux pour me parler, et
quelquefois j'ai cru y voir des larmes. Moi, j'ai
des larmes pour toi, Zilla ; c'est un témoignage
de faiblesse qu'il ne faut pas mépriser, car c'est
l'obscure expression et le suprême effort d'une
amitié qui ne peut franchir la limite de l'intelligence humaine et qui te donne tout ce qu'il lui
est possible de te donner.

XLVII

— Tu mens ! répondit Zilla ; j'ai demandé
un de tes enfants, ta femme me l'a refusé, et tu
ne me l'apportes pas ! » Hermann sentit son cœur
ss glacer, mais il se contint. « Il n'est pas possible, dit-il, qu'un si chétif désir trouble la paix
immuable de ton âme. — Ah ! voilà que tu recu-
les déjà ! s'écria la fée, et vois comme tu te con-
tredis ! Tu prétendais vouloir me donner ta vie,

5.

je te demande beaucoup moins... — Tu me demandes beaucoup plus, répondit Hermann.

XLVIII

— Dis donc, s'écria la fée, que tu crains les larmes et les reproches de Bertha. Ne sais-tu pas que ta fille sera heureuse avec moi ? que si elle est malade, je saurai la guérir ? que si elle est rebelle, je la soumettrai par la douceur ? que si elle est intelligente, je lui donnerai du génie, et que si elle ne l'est pas, je lui donnerai des fêtes et des songes de poésie aussi doux que les révélations de la science sont belles ? Avoue donc que ton amour pour elle est égoïste, et que tu veux l'élever dans l'égoïsme humain.

XLIX

— Ne me dis pas tout cela, reprit Hermann, je le sais. Je sais que l'amour est égoïste en même temps qu'il est dévoué dans le cœur de l'homme ; mais c'est l'amour, et tu ne le donneras pas à mon enfant ! Eh bien ! n'importe ; je sais que tu ne peux pas voir souffrir, et que si tu la vois malheureuse, tu me la rendras. Tu me parles des larmes de sa mère; oui, je les sens déjà tomber sur mon cœur; mais dis-moi que le tien souffre de ce désir maternel inassouvi qui te rend si tenace, et je cède.

L

— Ne vois-tu pas, dit la fée, que j'en suis venue à ce point de maudire l'éternité de ma vie? que l'ennui m'accable et que je ne me reconnais plus? N'est-ce pas à toi de guérir ce mal, toi qui l'as fait naître? Oui, c'est à force d'essayer de t'aimer dans ton enfance que j'en suis venue à *aimer* ton enfant! — Tu l'aimes donc? s'écria Hermann. O mère! c'est la première fois que tu dis ce mot-là! C'est Dieu qui le met sur tes lèvres, et je n'ai pas le droit de l'empêcher d'arriver jusqu'à ton cœur.

LI

« Attends-moi ici, ajouta-t-il, je vais te chercher l'enfant. » Et, sans vouloir hésiter ni réfléchir, car il sentait bien qu'il promettait tout ce qu'un homme peut promettre, il redescendit en courant vers sa demeure. Bertha dormait avec sa fille dans ses bras. Hermann prit doucement l'enfant, l'enveloppa dans une douce toison et sortit sans bruit ; mais il avait à peine franchi le seuil, que la mère s'élança furieuse, croyant que la fée lui enlevait sa fille.

LII

Et quand elle sut ce que voulait faire Hermann, elle éclata en pleurs et en reproches ; mais Hermann lui dit : « Notre grande amie veut aimer notre enfant, et notre enfant, qui nous connaît à peine, ne souffrira pas avec elle. Elle n'aura pas les regrets et les souvenirs qui m'ont tourmenté autrefois ici. Il faut faire ce sacrifice à la reconnaissance, ma chère Bertha. Nous devons tout à la fée, elle m'a sauvé la vie, elle t'a donnée à moi ; si nous mourions, elle prendrait soin de nos orphelins.

LIII

« Elle est pour nous la Providence visible. Sacrifions-nous pour reconnaître sa bonté. » Bertha n'osa résister ; elle dit à Hermann : « Emporte vite mon trésor, cache-le, va-t'en ; si je lui donnais un seul baiser, je ne pourrais plus m'en séparer. » Et quand il eut fait trois pas, elle courut après lui, couvrit l'enfant de caresses et se roula par terre, cachant sa figure dans ses cheveux dénoués pour étouffer ses sanglots. « Ah! cruelle fée! s'écria Hermann vaincu, non! tu n'auras pas notre enfant!

LIV

— Est-ce là ta parole? dit Zilla, qui l'avait furtivement suivi et qui contemplait avec stupeur son désespoir et celui de sa femme ; crains mon mépris et mon abandon! — Je ne crains rien de toi, répondit Hermann; n'es-tu pas la sagesse et la force, la douceur par conséquent? Mais je crains pour moi le parjure et l'ingratitude. Je t'ai promis ma fille, prends-la. » Bertha s'évanouit, et la fée, s'emparant de l'enfant comme un aigle s'empare d'un passereau, l'emporta dans la nuit avec un cri de triomphe et de joie.

LV

Ni les larmes ni les caresses de la mère n'avaient troublé le sommeil profond et confiant de la petite fille ; mais quand elle se sentit sur le cœur étrange et mystérieux de la fée, elle commença à rêver, à s'agiter, à se plaindre, et quand la fée fut loin dans la forêt, l'enfant s'éveilla glacée d'épouvante, et jeta des cris perçants que Zilla dut étouffer par ses caresses pour les empêcher de parvenir jusqu'aux oreilles d'Hermann et de Bertha.

LVI

Mais plus elle embrassait l'enfant, plus l'enfant éperdue se tordait avec désespoir et criait le seul mot qu'elle sût dire pour appeler sa mère. Zilla gravit la montagne en courant, espérant en vain que la rapidité de sa marche étourdirait et endormirait la petite créature. Quand elle arriva auprès de la cascade, l'enfant, fatiguée de cris et de pleurs, semblait morte. Zilla sut la ranimer par une chanson qui réveilla les rossignols et les rendit jaloux ; mais elle ne put arrêter les soupirs douloureux qui semblaient briser la poitrine de l'enfant.

LVII

Et, tout en continuant de chanter, Zilla rêvait au mystère d'amour caché dans le sein de ce petit être qui ne savait ni raisonner, ni marcher, ni parler, et qui déjà savait aimer, regretter, vouloir et souffrir. « Eh quoi! se disait la fée, je n'aurai pas raison de cette résistance morale qui n'a pas conscience d'elle-même! » Elle changea de mélodie; et, dans cette langue sans paroles qu'Orphée chanta jadis sur la lyre aux tigres et aux rochers, elle crut soumettre l'âme de l'enfant à l'ivresse des rêves divins.

LVIII

Ce chant fut si beau que les pins de la montagne en frémirent de la racine au faîte, et que les rochers en eurent de sourdes palpitations; mais l'enfant ne se consola point et continua de gémir. Zilla invoqua l'influence magique de la lune; mais le pâle visage de l'astre effraya l'enfant, et la fée dut prier la lune de ne plus la regarder. La cascade, ennuyée des pleurs qu'elle prenait pour un défi, se mit à rugir stupidement;

mais les cris de l'enfant luttèrent contre le tonnerre de la cascade.

LIX

Ce désespoir obstiné vainquit peu à peu la patience et la volonté de Zilla. Il semblait qu'il y eût dans ces larmes d'enfant quelque chose de plus fort que tous les charmes de la magie et de plus retentissant que toutes les voix de la nature. Zilla s'imagina qu'au fond de la vallée, à travers les épaisses forêts et les profondes ravines, Bertha entendait les pleurs de sa fille et accusait la fée de ne pas l'aimer. Une colère monta dans l'esprit de Zilla, un tremblement convulsif agita ses membres. Elle se leva au bord de l'abîme.

LX

« Puisque cet être insensé se refuse à l'amour pour moi, pensait-elle, pourquoi ai-je pris ce tourment, ce vivant reproche qui remplit le ciel et la terre ? S'il faut que le désir de cet amour me brûle, ou que le regret de ne pas l'inspirer me brise, le seul remède serait d'anéantir la cause de mon mal. N'est-ce-pas une cause aveugle ? Cette enfant

qui s'éveille à peine à la vie a-t-elle déjà une
âme, et d'ailleurs si l'âme des hommes ne meurt
pas, est-ce lui nuire que de la délivrer de son
corps? »

LXI

Elle étendit ses deux bras sur l'abîme, et l'enfant, avertie de l'horreur du danger par l'infernale joie de la cascade, jeta un cri si déchirant que le cœur glacé de la fée en fut traversé comme par une épée. Elle la rapprocha impétueusement de sa poitrine et lui donna un baiser si ardent et si humain que l'enfant en sentit la vertu maternelle, s'apaisa et s'endormit dans un sourire. Zilla joyeuse, la contemplait, mollement étendue sur ses genoux aux premières pâleurs du matin.

LXII

Et son âme se transformait comme les nuages épars au flanc de la montagne. Son ardente volonté se fondait comme la neige, son besoin de domination s'effaçait comme la nuit. Une nouvelle lumière, plus pure que celle de l'aube pénétrait dans son cerveau; des chants plus suaves que ceux de la brise résonnaient dans ses oreilles. Elle pensait à la douce Bertha et se sentait douce à son tour. Quand l'enfant fut reposée, elle se pencha vers ses petites lèvres roses, en obtint un baiser et redescendit heureuse vers la demeure d'Hermann et de Bertha.

LXIII

« Voilà votre fille, leur dit-elle; j'ai voulu éprouver votre amitié. Reprenez votre bien. J'en connais le prix désormais, car j'ai senti que sa mère ne l'avait pas acheté trop cher par la souffrance. J'ai compris aussi ton droit, Hermann! L'homme qui asservit et pille la terre obéit à la prévoyance paternelle; la mort es au bout de sa tâche, mais il a cette compensation de l'amour pendant sa vie. J'offenserais la justice au ciel et sur la terre, si je prétendais posséder à la fois l'amour et l'immortalité. »

LXIV

Elle les quitta tout aussitôt pour ne pas voir leur joie et retourna dans la solitude, où elle pleura tout le jour. Elle entendit au loin l'assemblée tumultueuse de ses compagnes qui continuaient à s'agiter sur les sommets du sanctuaire; mais cela lui était indifférent. L'orgueil de sa caste immortelle ne parlait plus à son cœur, attendri par de saintes faiblesses. Elle reconnaissait qu'elle n'avait jamais aimé ses nobles sœurs et que le baiser d'un petit enfant lui avait été plus doux que toutes les gloires.

LXV

La nuit qui termina ce jour, unique dans la longue vie de Zilla, monta livide dans un ciel lourd et brouillé. La lune se leva derrière la brisure des roches désolées, et, bientôt voilée par les nuages, laissa tomber des lueurs sinistres et froides sur les flancs verdâtres du ravin. Zilla vit, au bord du lac morne et sans transparence, des feux épars et des groupes confus. Dans une vive auréole blanche, elle reconnut la reine assise au milieu des jeunes fées qui semblaient lui rendre un dernier hommage; car peu à peu elles s'éloignaient et la laissaient seule.

LXVI

Elles allaient se joindre à d'autres troupes incertaines qui tantôt augmentaient et brillaient d'un rouge éclat dans la nuit, tantôt s'atténuaient ou se perdaient dans des foules errantes. Quelques danses flamboyèrent au bord du lac, quelques étincelles jaillirent dans les roseaux; mais tout s'opéra en silence; aucun chant terrible ou sublime n'accompagna ces évolutions mystérieuses, et Zilla se prit à s'étonner de voir s'accomplir des rites qui lui étaient inconnus.

LXVII

Elle se souvint que, si elle aimait là quelqu'un, c'était la reine, toujours si douce et si grave. Elle voulut savoir ce qu'elle avait ordonné, et la chercha au bord du lac; mais toute lumière avait disparu, et Zilla, fit retentir son cri cabalistique qui l'annonçait à ses sœurs. Ce cri, auquel mille voix avaient coutume de répondre, se perdit dans le silence, et Zilla voyant qu'un grand événement avait dû bouleverser toutes les lois du sabbat, fut saisie d'effroi et de tristesse.

LXVIII

Elle cria de nouveau d'une voix mal assurée; mais elle ne put dire les paroles consacrées par le rite : sa mémoire les avait perdues. En ce moment elle vit la reine auprès d'elle. « Tout est accompli, Zilla; je ne suis plus reine. Mon peuple se disperse et me quitte; regarde! ...» La lune, qui se dégageait des nuées troubles, fit voir à Zilla de longues files mouvantes qui gravissaient les hauteurs perdues dans la brume et s'y perdaient à leur tour comme des rêves évanouis.

LXIX

Vers le nord, c'était le lent défilé des anciennes, procession de noires fourmis qui se collaient aux rochers, si compacte que l'on n'en distinguait pas le mouvement insensible. Celles-là fuyaient le voisinage de l'homme, leur ennemi, et s'en allaient chercher dans les glaces du pôle le désert sans bornes et la solitude sans retour. Vers le sud, les jeunes couraient haletantes, disséminées, ne tournant aucun obstacle, se pressant comme pour escalader le ciel. Celles-ci voulaient conquérir une île déserte dans les régions qu'embrase le soleil, et la peupler d'enfants volés dans toutes les parties du monde.

LXX

A l'orient et à l'occident, d'autres foules diverses d'âge et d'instinct prétendaient se mêler à la race humaine, lui enseigner la science occulte, la corriger de ses erreurs, la châtier de ses vices ou la récompenser de ses progrès. « Tu vois, dit la reine à Zilla, que toutes s'en vont à la poursuite d'un rêve. Dévorées par l'ennui, elles cherchent à ressaisir la puissance et l'activité qui leur échappent. Les vieilles croient fuir l'homme à jamais; elles se trompent; l'homme les atteindra partout et les détrônera jusque dans la solitude où meurt le soleil.

LXXI

« Les jeunes se flattent de former une race nouvelle avec le mélange de toutes les races, et de changer, sur une terre encore vierge, les instincts et les lois de l'humanité. Elles n'y parviendront pas; l'homme ne sera gouverné et amélioré que par l'homme, et les autres, celles qui, en le prenant tel qu'il est, se vantent de changer les sociétés qu'il a créées et où il s'agite, ne se leurrent pas d'une moins folle ambition. L'homme civilisé ne croit plus qu'à lui-même, et les puissances occultes ne gouvernent plus que les idiots.

LXXII

« Je leur ai dit ces vérités, Zilla ! J'ai voulu leur démontrer que, devenues immortelles, nous étions devenues stériles pour le bien, et qu'avant de boire la coupe, nous avions été plus utiles dans la courte période de notre vie humaine que depuis mille ans de résistance à la loi commune. Elles n'ont pas voulu me croire, elles prétendent qu'elles peuvent et doivent partager avec l'homme l'empire de la terre, conserver malgré lui les sanctuaires inviolables de la nature et protéger les races d'animaux qu'il a juré de détruire.

LXXIII

« Elles m'accusent d'avoir entravé leur élan, de les avoir forcées à respecter les envahissements

de la race humaine, à fuir toujours devant elle,
à lui abandonner les plus beaux déserts, comme
si ce n'était pas le droit de ceux qui se reproduisent de chasser devant eux les neutres et les
stériles. En vain, je leur ai dit que, n'ayant ni
besoins ni occupations fécondes, ni extension
possible de nombre, elles pouvaient se contenter
d'un espace restreint; elles ont crié que je trahissais l'honneur et la fierté de leur race.

LXXIV

« Enfin elles m'ont demandé de quel droit je les
gouvernais, puisque, leur ayant donné la coupe
de l'immuable vie, je ne savais pas leur donner
l'emploi de cette puissance, et j'ai dû leur avouer
que je m'étais trompée en leur faisant ce présent
magnifique dont j'avais depuis reconnu le néant
et détesté la misère. Alors le vertige s'est emparé
d'elles, et toutes m'ont quittée, les unes avec
horreur, les autres avec regret, toutes avec l'effroi
de la vérité et le désir immodéré de s'y soustraire.

LXXV

« Et maintenant, Zilla, nous voilà seules ici... J'y veux rester, moi, afin d'essayer l'emploi d'une découverte à laquelle depuis mille ans je travaille. Ne veux-tu pas rejoindre tes sœurs qui s'en vont, ou bien espères-tu vivre calme dans cette solitude en veillant sur la famille d'Hermann? — Je veux rester avec toi, répondit Zilla; toi seule as compris la lente et terrible agonie de mon faux bonheur. Si tu ne peux m'en consoler, au moins je ne t'offenserai pas en te disant que je souffre.

LXXVI

— Songe à ce que tu dis, ma chère Zilla. Si rien ne peut te consoler, mieux vaut chercher le tumulte et l'illusion avec tes compagnes. Moi, je ne suis peut-être pas ici pour longtemps, et bientôt tu ne me verras peut-être plus. » Zilla se rappela que la reine lui avait parlé d'un remède suprême contre l'ennui, remède dont elle prétendait faire usage et dont elle n'avait pas voulu lui révéler le secret terrible. Elle l'implora longtemps avant d'obtenir d'être initiée à ce mystère; enfin la reine céda et lui dit: « Suis-moi. »

LXXVII

Par mille détours effrayants qu'elle seule connaissait, la reine conduisit Zilla dans le cœur du glacier, et pénétrant avec elle dans une cavité resplendissante d'un bleu sombre, lui montrant sur un bloc de glace en forme d'autel une coupe d'onyx où macérait un philtre inconnu, elle lui dit : « A force de chercher le moyen de détruire le funeste effet de la coupe de vie, je crois avoir trouvé enfin la divine et bienfaisante coupe de mort. Je veux mourir, Zilla, car, plus que toi, je suis lasse et désespérée.

LXXVIII

« J'ai souffert en silence, et j'ai savouré goutte à goutte, de siècle en siècle, le fiel des vains regrets et des illusions perdues; mais ce qui m'a enfin brisée, c'est la pensée que nous devions finir avec ce monde, en châtiment de notre résistance aux lois qu'il subit. Nous avons cherché notre Éden sur la terre, et non-seulement les autres habitants de la terre se sont détournés de nous, mais encore la terre elle-même nous a dit : « Vous ne me possédez pas; c'est vous qui m'appartenez à jamais, et mon dernier jour sera le vôtre. »

LXXIX

« Zilla, j'ai vu le néant se dresser devant moi, et l'abîme des siècles qui nous en sépare m'est apparu comme un instant dans l'éternité. Alors j'ai eu peur de la mort fatale, et j'ai demandé passionnément au Maître de la vie de me replacer sous la bienfaisante loi de la mort naturelle. — Je ne t'entends pas, répondit Zilla, pâle d'épouvante : est-ce qu'il y a deux morts? et veux-tu donc mourir comme meurent les hommes? — Oui, je le veux, Zilla, je le cherche, je l'essaie, et j'espère qu'enfin mes larmes ont fléchi *Celui* que nous avons bravé.

LXXX

— Le Maître de la vie t'a-t-il pardonné ta révolte? T'a-t-il promis que ton âme survivrait à cette mort? — Le Maître de la vie ne m'a rien promis. Il m'a fait lire cette parole dans les hiéroglyphes du ciel étoilé : *La mort, c'est l'espérance.* — Eh bien! attendons la mort de la planète; ne doit-elle pas s'endormir dans la même promesse? — Elle, oui, elle a obéi à ses destinées ; mais nous qui les avons trouvées trop redoutables et qui nous en sommes affranchies, nous n'avons point de droit à l'universel renouvellement.

LXXXI

« Et maintenant, adieu, ma chère Zilla : c'est ici que je veux demeurer pour me préparer à l'expiation. Retourne aux enivrements de la lumière, et si tu ne peux oublier ton mal, reviens partager mon sort. — J'espère, dit Zilla, que ton poison sera impuissant; mais jure-moi que tu ne feras pas cette horrible expérience sans m'appeler auprès de toi. » La reine jura, et Zilla quitta le glacier avec empressement : elle avait hâte de revoir le soleil, les eaux libres, les nuages errants et les fleurs épanouies. Elle aimait encore la nature et la trouvait belle.

LXXXII

Elle courut à la demeure d'Hermann, voulant s'habituer à la vue de son bonheur. Elle le trouva consterné. Bertha était malade; le chagrin que l'enlèvement de sa fille lui avait causé avait allumé la fièvre dans son sang. Elle avait le délire et redemandait sans cesse avec des cris l'enfant qu'elle tenait dans ses bras sans la reconnaître. Zilla courut chercher des plantes salutaires et guérit la jeune femme. La joie revint dans le chalet; mais Zilla resta honteuse et triste : elle y avait fait entrer la douleur.

LXXXIII

Elle crut que maître Bonus s'en ressentait aussi : il ne parlait presque plus et ne pouvait marcher. « Il n'est pas malade, lui dit Hermann; il n'a pas eu de chagrin, il n'a pas compris le nôtre. Il n'a d'autre mal que la vieillesse. Il ne veille plus et ne dort plus. Ses heures sont noyées dans un rêve continuel. Il ne souffre pas, il sourit toujours. Nous croyons qu'il va mourir, et nous avons tout essayé en vain pour prolonger sa vie. — Vous désirez donc qu'il ne meure pas? dit la fée.

LXXXIV

— Nous ne désirons pas l'impossible, répondit Hermann. Nous regretterons ce vieux compagnon et nous prolongerons autant que possible le temps qui lui reste à passer avec nous ; mais nous sommes soumis à la loi que nous impose le Maître de la vie. Zilla s'approcha du vieillard et lui demanda s'il voulait qu'elle essayât de lui rendre ses forces. Maître Bonus se prit à rire et la remercia d'un air enfantin. « Vous avez assez fait pour moi, dit-il ; vous m'avez sauvé du supplice. Depuis, grâce à vous, j'ai vécu de longs jours paisibles, et il ne serait pas juste d'en vouloir davantage. »

LXXXV

Quand la fée revint le voir, il souffrait un peu et se plaignait faiblement. « J'ai bien de la peine à mourir, lui dit-il. — Tu peux hâter ta fin, lui répondit la fée. Pourquoi l'attendre, puisqu'elle est inévitable? » Maître Bonus sourit encore. « La vie est bonne jusqu'au dernier souffle, madame la fée, et la raison, d'accord avec Dieu, défend qu'on en retranche rien. — Et après? Que crois-tu trouver de l'autre côté de cette vie? — Je le saurai bientôt, dit le moribond; mais, tant que je l'ignore, je ne m'en tourmente pas. »

LXXXVI

Zilla le vit bientôt mourir. Ce fut comme une lampe qui s'éteint. Hermann et Bertha amenèrent leurs enfants pour donner un baiser à son front d'ivoire. « Que faites-vous donc là? dit la fée. — Nous respectons la mort, répondit Bertha, et nous bénissons l'âme qui s'en va. — Et où va-t-elle? demanda encore la fée inquiète. — Dieu le sait, répondit la femme. — Mais vous, ne craignez-vous rien pour cette âme de votre ami? — On m'a appris à espérer. — Et toi, Hermann? — Vous ne m'avez rien appris là-dessus, répondit-il; mais Bertha espère, et je suis tranquille. »

LXXXVII

Zilla comprit la douceur de cette mort naturelle après l'accomplissement de la vie naturelle; mais la mort violente, la mort imprévue, la mort du jeune et du fort, elle en était effrayée, et elle souhaita de consulter la reine. Cependant la reine ne reparaissait pas, et Zilla n'osait retourner vers elle. Une nuit, son fantôme vint l'appeler; elle le suivit et trouva sa grande amie paisible et souriante au fond de son palais de saphir. « Zilla, lui dit-elle, l'heure est venue, il faut que tu m'assistes.

LXXXVIII

« Mais auparavant je veux te donner beaucoup de secrets que j'ai découverts pour guérir les maladies, panser les blessures, et tout au moins diminuer les souffrances. Tu les donneras à Hermann, afin qu'autant que possible il détourne de lui et des siens la mort prématurée et la souffrance inutile. Dis-lui d'abord qu'il cherche à nous surpasser dans cette science, car l'homme doit s'aider lui-même et combattre éternellement. Ses maux sont le châtiment de son manque de sagesse et le résultat de son ignorance.

LXXXIX

« Par la sagesse, il détruira l'homicide ; par la science, il repoussera la maladie. Adieu, ma sœur. Mourir n'est rien pour qui a bien vécu. Quant à moi, j'ignore à quel supplice je m'abandonne, car j'ai commis un grand crime ; mais je ne dois pas craindre de l'expier et de refaire connaissance avec la douleur. — Vas-tu donc mourir? s'écria Zilla en cherchant à renverser la coupe fatale. — Je l'ignore, répondit la reine en la retenant d'une main ferme. Je sais qu'avec ce breuvage je détruis la vertu maudite de la coupe de vie.

XC

« Mais je ne sais pas si je vais devenir mortelle ou mourir. Peut-être vais-je reprendre mon existence au point où elle était quand je l'ai immobilisée. Alors j'aurai quelques jours de bonheur sur la terre ; mais je ne les ai pas mérités, et je ne les demande pas. Ne nous berçons pas d'un vain espoir, Zilla. Regarde ce que je vais devenir, et, si je suis foudroyée, laisse ma dépouille ici, elle y est tout ensevelie d'avance.

Si je lutte dans l'horreur de l'agonie, répète-moi le mot que j'ai lu à la voûte du ciel : « La mort, c'est l'espérance. »

XCI

— Attends, s'écria Zilla. Et si je veux mourir aussi, moi ? » La reine lui donna une formule magique en lui disant : « Tu pourras composer toi-même ce poison. Je ne veux pas que tu le boives sans avoir eu le temps de réfléchir. Donne-moi la bénédiction de l'amitié. Mon âme est prête. » Zilla se jeta aux genoux de la reine et la supplia d'attendre encore ; mais la reine, craignant de faiblir devant ses larmes, la pria d'aller chercher une rose pour qu'elle pût encore contempler une pure expression de la beauté sur la terre avant de la quitter peut-être pour toujours.

XCII

Quand Zilla revint, la reine était assise près du bloc de glace, la tête nonchalamment appuyée sur son bras ; l'autre main était pendante, la coupe vide était tombée sur le bord de sa robe. Zilla crut qu'elle dormait ; mais ce sommeil, c'était la mort. Zilla avait vu mourir bien des humains et ne s'en était point émue, n'ayant voulu en aimer aucun. En voyant que l'immortelle avait cessé de vivre, elle fut frappée de terreur. Cependant elle espéra encore que cette mort n'était qu'une léthargie, et elle passa trois jours auprès d'elle, attendant son réveil.

XCIII

Le réveil ne vint pas, et Zilla vit raidir lentement cette figure majestueuse et calme. Elle s'enfuit désespérée. Elle revint plusieurs fois. La glace conservait ce beau corps et ne permettait pas à la corruption de s'en emparer; mais elle pétrifiait de plus en plus l'expression de l'oubli sur ses traits et changeait en statue cette merveille de la vie. Zilla, en la regardant, se demandait si elle avait jamais vécu. Ce n'était plus là son amie et sa reine. C'était une image indifférente à ses regrets.

XCIV

Peu à peu la jeune fée se fit à l'idée de devenir ainsi, et elle résolut de suivre le destin de son amie; mais quand elle eut composé le philtre de mort, elle le plaça sur le bloc de glace et s'enfuit avec horreur. Depuis qu'elle se savait libre de mourir, elle sentait le charme de la vie et ne s'ennuyait plus. Le printemps, qui venait d'arriver, semblait le premier dont elle eût apprécié l'incomparable sourire. Jamais les arbres n'avaient eu tant d'élégance, jamais les prés fleuris n'avaient exhalé de si suaves odeurs.

XCV

Elle épiait dans l'herbe le réveil des insectes engourdis par l'hiver, et quand elle surprenait le papillon dépouillant sa chrysalide, elle tremblait en se demandant si c'était là l'emblème de l'âme échappant aux étreintes de la mort. Elle se sentait appelée par la reine dans le royaume des ombres, elle la voyait en songe et l'interrogeait; mais le fantôme passait sans lui répondre, en lui montrant les étoiles. Elle essayait d'y lire la promesse qui avait enhardi son amie. La peur de la destruction l'empêchait d'en saisir le chiffre mystérieux.

XCVI

Elle voyait Bertha tous les jours et s'attachait plus tendrement que jamais à sa petite fille. Les autres enfants d'Hermann lui semblaient beaux et bons; mais la mignonne qu'elle préférait absorbait tous ses soins. L'enfant était délicate, plus intelligente que ne le comportait son âge, et quand la fée la tenait sur ses genoux, elle commençait à parler et à dire des choses qui semblaient lui venir d'une autre vie. Elle ne regardait ni les blancs agneaux ni les fleurs nouvelles; elle tendait sans cesse ses petits bras vers les nuages, et un jour elle cria le mot *ciel*, que personne ne lui avait appris.

XCVII

Un jour l'enfant devint pâle, laissa tomber sa tête blonde sur l'épaule de Zilla, et lui dit : *Viens!* La fée crut qu'elle l'invitait à la mener promener; mais Bertha fit un grand cri : l'enfant était morte. Zilla essaya en vain de la ranimer. Tous les secrets qu'elle savait y perdirent leur vertu. L'âme était partie. « Ah! méchante fée! s'écria Bertha dans la fièvre de sa douleur, je le savais bien que ma fille mourrait! C'est depuis la nuit qu'elle a passée avec toi sur la montagne qu'elle a perdu sa fraîcheur et sa gaieté. C'est ton funeste amour qui l'a tuée!»

XCVIII

Zilla ne répondit rien. Bertha se trompait peut-être; mais la fée sentait bien que cette mère affligée ne l'aimerait plus. Hermann éperdu essaya en vain d'adoucir leurs blessures. Zilla quitta le chalet et courut au glacier. Elle osa donner un baiser au cadavre impassible de la reine, et elle but la coupe; mais, au lieu d'être foudroyée, elle se sentit comme renouvelée par une sensation de confiance et de joie, et elle crut entendre une voix d'enfant qui lui disait : « Viens donc! »

XCIX

Elle retourna au chalet. L'enfant était couchée dans une corbeille de fleurs; sa mère priait auprès d'elle, entourée de ses autres beaux enfants, qui s'efforçaient de la consoler et qu'elle regardait avec douceur, comme pour leur dire : « Soyez tranquilles, je ne vous aimerai pas moins. » Le père creusait une petite fosse sous un buisson d'aubépine. Il versait de grosses larmes, mais il préparait avec amour et sollicitude la dernière couchette de son enfant. En voyant la fée, il lui dit : « Pardonne à Bertha ! »

C

Zilla se mit aux genoux de la femme : « C'est toi qui dois me pardonner, lui dit-elle, car je vais suivre ton enfant dans la mort. Elle m'a appelée, et c'est sans doute qu'elle va revivre dans un meilleur monde et qu'il lui faut une autre mère. Ici je n'ai su lui faire que du mal; mais il faut que je sois destinée à lui faire du bien ailleurs, puisqu'elle me réclame. — Je ne sais ce que tu veux dire, répondit la mère. Tu as pris la vie de mon enfant, veux-tu donc aussi m'emporter son âme ? — L'âme de notre enfant est à Dieu seul, dit Hermann ; mais si Zilla connaît ses desseins mystérieux, laissons-la faire. — Mettez l'enfant dans mes bras, » dit la fée. Et quand elle tint ce petit corps contre son cœur, elle entendit encore que son esprit lui disait tout bas : « Allons, viens ! — Oui, partons ! » s'écria la fée. Et, se penchant vers elle, elle sentit son âme s'exhaler et se mêler doucement, dans un baiser maternel, à l'âme pure de l'enfant. Hermann fit la tombe plus grande et les y déposa toutes deux. Durant la nuit, une main invisible y écrivit ces mots : « La mort, c'est l'espérance. »

LUPO LIVERANI

DRAME EN TROIS ACTES

PRÉFACE

En lisant, on est parfois frappé d'une idée qu'on voudrait traduire autrement, et on se laisse emporter par une sorte de plagiat candide qui est absous dès qu'il est avoué.

C'est en lisant *el Condenado por desconfiado*, de Tirso de Molina, que je me suis mis très-involontairement à écrire *Lupo Liverani* sur la même donnée, en m'appropriant tout ce qui était à ma convenance; ce n'est là ni piller ni traduire, c'est prendre un thème tombé dans le domaine public et l'adapter à ses propres moyens, comme on a fait de tout temps pour maint sujet classique ou romantique, philosophique ou religieux, dramatique ou burlesque.

De ce que le sujet du *Damné* de Tirso de Molina n'a pas encore beaucoup servi, il ne résulte pas que quelqu'un n'ait pas le droit de commencer à s'en servir. Ce sujet est assez étrange pour ne pas tenter tout le monde.

Voici ce que dit du *Damné pour manque de foi* ou du *Damné pour doute* — le titre même du drame est intraduisible, — M. Alphonse Royer, dans la préface de son excellente traduction, la première qui ait été faite, il n'y a pas plus de cinq à six ans :

« C'est un véritable *auto*, c'est-à-dire un drame religieux selon les croyances du temps où il a été écrit. C'est une parabole évangélique pour rendre intelligible au peuple le dogme catholique de la grâce efficace... Le drame est très-célèbre en Espagne, où il est regardé comme une des plus hardies créations de son auteur... Michel

Cervantes, dans son drame religieux intitulé *el Rufian dichoso*, a aussi mis en œuvre ce dogme de la grâce efficace. »

La grâce efficace! voilà certes un singulier point de départ pour une composition dramatique. Pourtant, à travers ces subtilités sur la *grâce prévenante*, le *pouvoir prochain*, la *grâce suffisante* et la *grâce efficace*, dont nous rions aujourd'hui et dont Pascal s'est si magistralement raillé tout en y portant la passion janséniste, nous savons tous que bouillonnait la grande question du libre arbitre et de la dignité de l'homme. Nous la cherchons autrement aujourd'hui, mais nous la cherchons toujours.

Peut-on dire que les jansénistes défendaient mieux la liberté humaine que les molinistes? Parfois oui, en apparence; mais, en réalité, toutes ces doctrines faisaient intervenir Dieu dans l'action de notre volonté d'une façon si étrange et si arbitraire, que nous avouons ne nous intéresser sérieusement qu'au fait historique. Nous ne voyons pas l'esprit de liberté poindre franchement dans ces petites hérésies vagues du catholicisme, et nous ne concevons plus de progrès véritable qu'en dehors du sanctuaire.

L'œuvre du religieux Gabriel Tellez, qui a publié ses drames admirables sous le pseudonyme de Tirso de Molina, nous a paru ouvrir une plus large porte que toutes les controverses du temps. J'ignore si ce moine inspiré était bien orthodoxe, et je n'oserais soutenir que son but, en écrivant *le Damné*, fût réellement de populariser le dogme de la grâce. Je crois qu'à cette époque beaucoup de hardiesses du cœur et de l'esprit se sont cachées sous de saints prétextes, et n'ont été autorisées que parce qu'elles n'ont pas été comprises. Tirso est un Shakspeare espagnol ; on a dit un *Beaumarchais en soutane*. Selon nous, ce n'est pas assez dire. Beaumarchais n'eût ni conçu ni exécuté *le Burlador de Séville* (*le Don Juan* imité par Molière), ni *le Condenado*, qui ne souffre l'imitation qu'à la condition d'un remaniement complet. C'est une des grandes conceptions de l'art, peu connue et affreusement difficile à traduire, parce qu'elle est mystérieuse, et, comme *Hamlet*, se plie à diverses interprétations. Voici l'opinion d'une personne avec qui je lisais ce drame : « C'est beau, mais j'y vois un dogme odieux. L'homme est damné parce qu'il cherche à savoir son sort, le but de sa vie. Toute vertu, tout sacrifice lui est inutile. Celui qui croit aveuglément peut commettre tous les crimes : un acte de foi à sa dernière heure, et il est sauvé! » En effet, en voyant le repentir tardif et la confession forcée du bandit de Tirso, on peut conclure que la moralité officielle de ce drame est celle-ci : Sois un saint, une heure de doute te perdra. Crois comme une brute et agis comme une brute, Dieu te tend les bras, car l'Église t'absout. Eh bien! peut-être est-ce là le brevet officiel extorqué par le maître à la censure; mais il m'est impossible de ne pas voir une pensée plus large et plus philosophique qui fait éclater la chasuble de plomb du moine, et cette pensée secrète, ce cri du génie qui perce la psalmodie du couvent, le voici : — La vie de l'anachorète est égoïste et lâche; l'homme qui croit se purifier en se faisant eunuque est un imbécile qui cultive la folie et que l'éternelle contemplation de l'enfer rend féroce. Celui-là invente en vain un paradis de délices; il ne fera que le mal sur la terre et n'arrivera a la mort que dégradé. Celui qui obéit à ses instincts vaut mille fois mieux, car ses instincts sont bons et mauvais, et un moment peut venir où son cœur ému le rendra plus grand et plus généreux que le prétendu saint dans sa cellule.

Qu'un moine de génie ait rêvé cela sous le regard terne et menaçant de l'Inquisition, rien ne me paraît plus probable, parce que rien n'est plus humain. Il ne faut pas oublier d'ailleurs que le système de l'autre Molina, le célèbre jésuite contemporain de Molina le dramaturge, fut gravement menacé par l'inquisition et traduit en cour de Rome pour cause d'hérésie, comme le fut plus tard Jansénius pour ses attaques contre le molinisme, l'idée, quelle qu'elle soit, ayant toujours eu le privilége d'être poursuivie à Rome. Les deux doctrines ennemies n'ont pas résolu leurs propres doutes ; mais j'avoue qu'en me mettant, s'il m'était possible, au point de vue catholique et en admettant le dogme atroce de l'enfer, je serais plus volontiers moliniste, je dis disciple direct et contemporain de Molina, que janséniste, même avec le sublime Pascal et les grands docteurs de son temps. Je trouve, dans la première idée de Molina le jésuite, quelque chose de pélagien qui me montre Dieu bon et l'enfer facilement vaincu, tandis que, dans les tendances augustiniennes, je vois l'homme rabaissé jusqu'à la brute, sa volonté enchaînée au caprice d'un Dieu stupide et insensible, le diable triomphant à toute heure et l'enfer pavé des martyrs du libre examen.

Ce que la douce doctrine de Molina est devenue entre les mains des bons pères Escobar et autres, ni Molina le grand jésuite, ni Tellez Molina le grand poëte, — son disciple à coup sûr, — n'ont dû le prévoir. Tout, dans l'œuvre de ce dernier, proclame ou révèle la sincérité, l'humanité et la charité, l'horreur de l'hypocrisie, la raillerie des macérations, le sentiment de la vie, la victoire attribuée aux bons instincts sur les étroites pratiques. Il est vrai qu'il a dû dénouer son drame par la soumission au prêtre et la réconciliation avec l'Église moyennant la confession classique du brigand. Je me suis dispensé, dans ma donnée, de cette formalité que la censure ne peut plus exiger, et, prenant Dieu et le diable dans le symbolisme, d'ailleurs assez large, où Tirso les fait apparaître et agir, je me suis permis de mettre dans la bouche de Satan les paroles que je regarde comme la traduction de la vraie pensée du maître.

En finissant cette préface, qu'on ne lira peut-être pas — on veut aller vite au fait aujourd'hui, et on a raison, — je demande pourtant qu'on s'y reporte d'un rapide coup d'œil en finissant le drame, et qu'on ne m'accuse pas d'avoir été touché par la grâce efficace, un beau matin, en prenant mon café ou en chaussant mes pantoufles. Je ne crois pas que les choses se passent ainsi entre le ciel et l'homme; je suis persuadé qu'en nous envoyant en ce monde, on nous a pourvus de la *grâce suffisante*, et que, s'il est des malheureux entièrement privés de leur libre arbitre (il y en a certainement), ces exceptions confirment la règle au lieu de l'infirmer.

PERSONNAGES :

LUPO, chef de brigands.
ANGELO, ermite.
LIVERANI, père de Lupo.
DELIA, courtisane.
QUINTANA, serviteur d'Angelo.
ROLAND, majordome de Liverani.
GALVAN, jeune débauché.

LISANDRO, jeune débauché.
MOFFETTA, } brigands.
ESCALANTE, }
TISBEA, jeune montagnarde.
UN PETIT BERGER, personn. légend.
SATAN.
UN CHEF DE SBIRES.

ACTE PREMIER.

(Arbres et rochers au flanc du Vésuve, à l'entrée d'un ermitage qui est une grotte à deux arcades; la plus petite, brute, sert d'entrée au logement de l'ermite; l'autre, creusée avec plus de soin dans le roc, abrite une madone de marbre blanc qui porte le *Bambino*; un vieux cèdre écimé l'ombrage.)

SCÈNE PREMIÈRE.

TISBEA, QUINTANA, qui a un froc de moine.

QUINTANA.

Belle Tisbea, que le ciel bénisse tes yeux noirs, et tes épaules de safran, et tes mains mignonnes, et ton pied léger, et ton sein virginal, et ton panier rebondi... (Il veut prendre le panier qu'elle porte.)

TISBEA.

C'est trop de compliments pour un religieux, frère Quintana! Si le père Angelo vous entendait...

QUINTANA.

Le père Angelo a fait bien d'autres madrigaux, et même il ne s'arrêtait pas souvent aux paroles.

TISBEA.

Je sais qu'il a été un grand débauché, du temps qu'il menait la vie de seigneur à Naples; — mais depuis cinq ans que la grâce a touché son âme, il mène ici une vie angélique, et c'est un grand bonheur pour vous d'avoir un tel maître.

QUINTANA.

Oui, je l'ai suivi au désert pour mon salut; mais je croyais la chose plus agréable qu'elle ne l'est.

TISBEA.

Vous me faites l'effet d'un homme mal converti à la chasteté.

QUINTANA.

Ce n'est pas la paillardise, — je veux dire la

concupiscence, — qui me tient ; hélas ! non, ne le crois pas, belle enfant. Tu me flatterais le museau de ta blanche main, que je la mordrais peut-être plutôt que de la baiser.

TISBEA.

Êtes-vous enragé ?

QUINTANA.

Non, car la rage ôte la faim et la soif, et moi je suis si affamé que quelque jour je me mangerai moi-même.

TISBEA.

J'entends : votre maître vous condamne à trop de jeûne ?

QUINTANA.

Et son vœu de pauvreté nous impose trop maigre chère. Aussi, si j'ôtais la bure qui me couvre, vous verriez le soleil et la lune à travers mes côtes, et si l'on me mettait une mèche... n'importe où, l'huile rance dont je suis abreuvé ferait de moi une lampe pour éclairer notre chapelle. Vous voyez bien que vous ne courez aucun risque auprès d'un homme exténué de macérations, et que mes soupirs s'adressent moins à vos charmes qu'au panier que vous nous apportez.

TISBEA.

Je suis une grande sotte d'avoir oublié le pain et les fruits. Je n'apporte que des fleurs pour la madone.

QUINTANA.

Des fleurs! toujours des fleurs! Je mange tant d'herbes et de plantes que quelque jour on me verra, pour sûr, enfanter un printemps...

TISBEA, mettant ses fleurs à la madone.

Dites au saint ermite de prier pour que mon vœu s'accomplisse, et priez aussi ; je vous apporterai demain un fromage de ma chèvre.

QUINTANA.

Sainte Vierge, un fromage! O madone du cèdre, madone du Vésuve! entends mes humbles supplications, vois mes larmes, vois mon cœur contrit et mes os qui percent ma peau! Prends pitié de moi, envoie-moi un fromage, un fromage blanc et lourd comme le marbre dont tu es faite, un rocher, un bloc, un cratère, un volcan de fromage!

TISBEA.

Vous ne priez que pour vous! Laissez-moi prier seule, et vous saurez ensuite ce qu'il faut demander pour moi. (Elle prie.) Madone du cèdre, madone des laves, toi qui as forcé l'éruption à s'arrêter ici et à respecter ta chapelle et ton arbre, toi qui connais ceux qui doivent être sauvés et ceux qui ne le seront pas, ramène mon fiancé sain et sauf, et je ferai à ton divin Bambino un collier de coquillages roses et de fleurs de grenadier. (A Quintana.) Vous direz à l'ermite de prier.

QUINTANA.

Pour qui?

TISBEA.

Écoutez bien! pour Moffetta, mon fiancé, qui est parti avec les brigands.

QUINTANA.

Ils l'ont pris?

TISBEA.

Il a été de son gré avec eux par grande estime pour leur chef et dans l'espoir de me rapporter des colliers et des robes.

QUINTANA.

Comment! il est avec cet abominable Lupo, la terreur du pays! Que l'enfer le confonde! Est-ce qu'il est près d'ici, ce loup endiablé?

TISBEA.

Il s'est réfugié par ici cette nuit, et je sais qu'il est poursuivi par les archers. Voilà pourquoi je demande à la Vierge de ramener mon fiancé chez nous avant qu'on ne se batte.

QUINTANA.

On va se battre? Il ne manquait que cela au charme de cette thébaïde! Où me cacherai-je?

TISBEA.

Vous resterez ici. La madone n'est pas en peine de faire un miracle de plus pour vous protéger.
(Elle sort.)

SCÈNE II.

QUINTANA, puis ANGELO.

QUINTANA.

La madone, c'est une belle pièce, je ne dis pas, et je voudrais avoir eu une maîtresse faite à son image; mais je veux être écorché vif si je lui ai jamais vu remuer le bout du petit doigt. Aussi je ne me donne plus la peine de la prier quand personne ne me regarde... Mais qu'a donc mon maître? Est-ce qu'il devient fou? (Angelo est sorti de la grotte, et il suit des yeux avec émotion Tisbea, qu'il voit descendre la montagne.) Que regarde-t-il?... Maître, que souhaitez-vous?

ANGELO, égaré.

Rappelle cette jeune fille.

QUINTANA.

A quoi bon? elle n'apporte rien à mettre sous la dent.

ANGELO.

Peu importe! j'irai! Non!... Seigneur, ayez pitié de moi! (Il se frappe la poitrine.)

QUINTANA.

Êtes-vous malade?

ANGELO.

O vil ennemi! Satan! De coupables pensées m'assiégent, ô faible chair!

QUINTANA.

O noble chair du porc salé! si j'avais seulement une bonne tranche de jambon!

ANGELO.

Écoute-moi, mon frère. Le démon me tente par le souvenir de mes égarements passés. (Il se jette à terre.)

QUINTANA.

Que faites-vous?

ANGELO.

Je me jette ainsi sur le sol pour que tu me foules sous tes pieds. Viens, frère, piétine-moi à plusieurs reprises.

QUINTANA.

Volontiers. Je suis très-obéissant. — Est-ce bien comme cela?

ANGELO.

Oui, frère.

QUINTANA.

Cela ne ne vous fait pas de mal?

ANGELO.

Marche, et ne te mets pas en peine.

QUINTANA.

En peine, père? et pourquoi serais-je en peine? Je vous foule et vous refoule, père de ma vie, et je ne trouve pas que cela m'incommode.

ANGELO.

C'est assez, mon fils; va-t'en chercher des racines et des herbes pour notre dîner.

QUINTANA, à part.

Je n'irai pas loin, je n'ai pas envie de rencontrer les brigands ! (Il sort.)

SCÈNE III.

ANGELO.

Des rêves lascifs me poursuivent et je crains que mon courage ne s'épuise. L'horreur de ma vie passée est toujours devant mes yeux, et j'arrive, par l'ennui du temps présent, à y trouver des charmes. Eh quoi ! il y a cinq ans que j'expie mes fautes dans cette solitude et que je me mortifie cruellement sans être plus avancé qu'au premier jour ! Dieu ne m'aide point, et j'en viens à douter que sa grâce m'ait amené dans ce désert. Si c'était une suggestion de l'orgueil ? Non, c'est plutôt la peur de l'enfer à la suite de cette blessure reçue en duel qui me mit aux portes du tombeau. Mourir damné! souffrir éternellement!... Préserve-moi, Père céleste ! Accepte les tortures que je m'im pose en ce monde pour me racheter! — Mais il ne m'écoute pas, ou s'il m'écoute je ne puis le savoir. Ah! je suis irrité de cet implacable silence! Tu te venges trop, Juge terrible; tu nous condamnes au renoncement, et tu ne nous promets rien! Croirai-je que la grâce aide tous les hommes à faire leur salut? Mais l'homme n'a point de libre arbitre; fils du mal, il n'aime que le mal. Sans un miracle particulier, il ne reçoit pas la grâce divine, et ce miracle n'est pas destiné à tous, puisque seul le petit nombre est sauvé. Notre arrêt est écrit là-haut; Dieu sait ce qu'il veut faire, et ce qu'il a décidé il ne saurait le changer, puisque après tant de continence et de mortifications de ma chair, j'éprouve encore la brûlure des passions humaines; la grâce me fuit et Dieu me repousse. — Et toi, Vierge miraculeuse, qui d'un geste, d'un regard, pourrais me rendre la confiance et la paix, tu es insensible à mes angoisses, et tu restes devant moi comme une muette idole! — Allons, je la prierai jusqu'à l'obséder! Dût-elle se dissoudre dans le sel de mes larmes, il faut qu'elle m'écoute et me réponde! (Il se prosterne devant la madone.)

SCÈNE IV.

ANGELO, LE PETIT BERGER, vêtu d'une tunique de peau d'agneau.

LE BERGER.

O bon ermite, prends pitié de ma peine! N'as-tu pas vu ma brebis?

ANGELO.

Je ne l'ai pas vue, enfant; cherche ailleurs et laisse-moi prier.

LE BERGER.

Ma belle ouaille blanche, la plus aimée de mon troupeau! Je t'en supplie, ermite, aide-moi à la retrouver.

ANGELO.

Je n'ai pas le temps, mon fils. Qu'as-tu de mieux à faire que de la chercher? Si tu es un pasteur négligent, tant pis pour toi. Moi, j'ai des devoirs plus sérieux, j'ai mon salut à faire.

LE BERGER.

Vous ne voulez pas m'assister?

ANGELO.

Prie Dieu, mon doux fils, il t'aidera peut-être. Allons, laisse-moi, passe ton chemin, et sois béni.

(L'enfant sort.)

SCÈNE V.

ANGELO, priant, absorbé. LUPO, qui entre en regardant derrière lui, masqué et les vêtements en désordre.

LUPO.

Holà! l'ermite, cède-moi la place.

ANGELO, surpris.

Qui êtes-vous?

LUPO.

Un proscrit, un fugitif. Je réclame ici le droit d'asile.

ANGELO.

Entre dans ma grotte, frère; tout ce que j'ai t'appartient.

LUPO.

Ta cellule ne me protégerait pas; c'est sous la voûte de la chapelle que je veux être, au pied de cette statue qui est réputée inviolable.

ANGELO.

Il suffit que tu sois dans cette enceinte de laves;

c'est un lieu consacré. Ne profane pas inutilement le sanctuaire de la madone.

LUPO.

Je ne veux rien profaner. Tu vois bien que je suis sur les dents; il faut que je dorme une heure ou que je crève, et c'est là que je veux dormir. Ote-toi!

ANGELO.

Mon frère, je te supplie...

LUPO.

Veux-tu que je t'administre trente soufflets?

ANGELO.

Je dois tout souffrir pour l'amour de Dieu.

LUPO.

Alors je vais te découdre le ventre avec ma dague; sache que je manque de patience.

ANGELO.

Je cède à la menace pour t'épargner un crime.

LUPO, regardant la madone.

Est-ce vrai, ce qu'on raconte de cette image?

ANGELO.

Qu'est-ce qu'on t'a dit?

LUPO.

On dit qu'elle sait d'avance le secret des jugements de Dieu, et que, pour désigner ceux qui doivent aller au ciel après leur mort, elle étend ses bras de pierre et présente le Bambino.

ANGELO.

Mon frère, c'est la vérité.

LUPO.

Est-ce une poupée à ressorts?

ANGELO.

N'y touche pas, si tu ne veux que la foudre éclate sur toi!

LUPO.

J'y veux toucher; je me méfie de la ruse. (Il touche la statue.) Ma foi, non! c'est une vraie statue de marbre; combien de fois lui as-tu vu étendre ses bras sur les prédestinés?

ANGELO.

Jamais : le nombre des élus est si petit!

LUPO.

Mais, pour toi du moins, elle a fait le miracle?

ANGELO.

Hélas! j'ai en vain arrosé ses pieds de mes

larmes durant des nuits entières : elle est restée immobile.

LUPO.

Alors tu es un grand pécheur, ou ta madone ne vaut rien, ou bien encore il te faut un miracle pour croire à la bonté de Dieu. Tu portes la robe de moine ; qui sait si tu as plus de religion qu'un chien ? Assez ! j'ai soif : va me chercher à boire.

ANGELO.

J'y vais, mon frère ! (A part.) Que ma soumission devant les outrages des manants serve, ô mon Dieu, à expier mes erreurs ! (Il entre dans l'autre grotte.)

SCÈNE VI.

LUPO, puis LE PETIT BERGER.

LUPO, se démasquant.

Il faut mettre cet instant à profit et me reposer. J'ai à courir peut-être toute la nuit avant de pouvoir rejoindre mon pauvre vieux ! (Il s'étend pour dormir devant la madone.)

LE BERGER.

Venez, venez, seigneur bandit ! ma brebis est

là, sur le rocher; je ne peux pas l'atteindre, et elle n'ose pas descendre.

LUPO.

Va au diable ! Je dors...

LE BERGER.

Ayez pitié! j'ai tant de chagrin!

LUPO.

Tu ne peux pas grimper là-haut, cœur de lièvre?

LE BERGER.

Non, j'ai peur. Montez, vous qui êtes grand et courageux.

LUPO.

Mais sais-tu, imbécile d'enfant, que je suis poursuivi, et que, si je grimpe là-haut, on peut me voir et me régaler d'une arquebusade ou d'un trait d'arbalète?

LE BERGER.

Hélas! ma brebis est donc perdue! et que dira mon père?

LUPO.

Il te battra?

LE BERGER.

Oh non! il est très-doux.

LUPO.

Et tu l'aimes?

LE BERGER.

Comme tu aimes le tien!

LUPO.

Il paraît que tu me connais! Allons, ce sera la première fois que la brebis sera sauvée par le loup. (Il grimpe sur le rocher au-dessus de la grotte et va pour prendre la brebis, qui devient une croix de pierre.) Eh bien! où est-elle! Tu t'es trompé, il n'y a pas là la moindre brebis. (Il redescend ; le berger a disparu.) Est-ce que j'ai rêvé, ou si cet enfant s'est moqué de moi? Allons, j'ai la fièvre... Et l'ermite ne m'apporte rien! Dormons! (Il se couche aux pieds de la madone et s'endort. La madone étend ses bras et tient le Bambino au-dessus de la tête de Lupo, qui ne s'en aperçoit pas.)

SCÈNE VII.

LUPO, endormi. ANGELO, sortant de la grotte voisine avec une cruche qui lui échappe des mains.

ANGELO.

Que vois-je? le miracle, le miracle pour ce mécréant!... Bénis-moi aussi, sainte Madone! (Il s'élance vers la statue, qui replie ses bras et se retrouve comme auparavant.) Ah! je suis maudit, moi, maudit pour

8.

jamais! La sentence est rendue, je suis inscrit sur la liste de l'enfer! et cet inconnu, ce bandit, ce païen qui ne croit pas aux miracles, et qui, de sa main souillée, a profané ton flanc sacré, tu le bénis, tu le désignes, tu l'appelles! Est-ce une épreuve pour ma foi? Cet homme m'a trompé peut-être, c'est quelque saint illustre... Frère, éveille-toi, parle-moi, réponds! dis-moi qui tu es.

LUPO.

Allez tous en enfer! Je suis le diable!

ANGELO.

Tu me railles. Le démon n'a pas de pouvoir sur celle qui lui a écrasé la tête. Au nom du Très-Haut, je t'adjure de me dire qui tu es.

LUPO.

Si je te le dis, me laisseras-tu un moment de repos, barbe de bouc?

ANGELO.

Oui, je le jure.

LUPO.

Eh bien! as-tu ouï parler de Lupo?

ANGELO.

Lupo? le chef des bandits, le réprouvé, l'assassin, le blasphémateur?

LUPO.

Lupo le brave, qui se moque d'une armée, qui brave les foudres de l'Église et fait rendre gorge aux trésors des couvents; Lupo le galant, qui, en dépit des bastions et des grilles, prend les nonnes et en fait ce qu'il veut; Lupo le magnifique, qui prodigue l'argent, fruit de ses exploits nocturnes, et donne la liberté aux joyeux doublons enfouis dans les caves des avares; Lupo l'invincible, qui lave ses injures dans le sang, et qui se contentera de t'arracher la langue, si tu l'ennuies davantage. Es-tu satisfait? Me donneras-tu enfin un verre d'eau?

ANGELO, lui apportant de l'eau dans un fragment de la cruche cassée.

Oui, frère. Un seul mot encore : avais-tu prié cette madone tout à l'heure?

LUPO.

Moi? je ne prie jamais.

ANGELO.

Crois-tu en Dieu?

LUPO.

Cela ne te regarde pas. Va-t'en. Voilà des gens qui me cherchent, des amis à moi. Va-t'en, si tu tiens à la vie; laisse-moi avec eux.

ANGELO, à part, sortant.

Maudit, moi! maudit!

SCÈNE VIII.

LUPO, MOFFETTA, ESCALANTE.

LUPO.

Vous voilà, mes enfants? c'est bien, mais les autres?

ESCALANTE.

Tous sauvés; remercions la Vierge! (Il s'agenouille.)

MOFFETTA.

Sauvés par une jeune fille qui est amoureuse de moi et qui a dépisté les archers. Ils ont pris le chemin du château de ton père.

LUPO.

Ah! mille morts du diable, je ne veux pas

qu'ils aillent ennuyer le pauvre vieux ! Plus de repos jusqu'à ce que je l'aie rejoint !

ESCALANTE.

Te suivrons-nous, maître ?

LUPO.

Jusqu'à mi-chemin seulement; je ne veux pas qu'on vous voie en plein jour auprès de ma demeure. Partons ! (Ils sortent.)

SCÈNE IX.

ANGELO, QUINTANA.

ANGELO.

Puisque cela est, puisque je suis condamné aux flammes éternelles, maudit soit le juge, et que la victime jouisse au moins des joies de la terre ! Arrière ce cilice ! garde qui voudra cette statue, ministre aveugle de l'implacable courroux du ciel Aide-moi à arracher ce hideux froc ! jetons-le aux ronces du chemin, afin qu'il serve de risée aux impies. Je veux reprendre mes habits de gentilhomme, me laver, me parfumer et m'enivrer des plaisirs qui font perdre la mémoire !

QUINTANA.

Reprendrai-je ma livrée ?

ANGELO.

Oui, hâte-toi, ce lieu-ci me fait horreur.

QUINTANA.

Alors je redeviens votre valet : je ne suis plus votre frère ! J'aime autant ça, si vous me laissez manger mon soûl ; mais de quoi me nourririez-vous sans argent, car vous êtes venu ici à bout de ressources ?

ANGELO.

L'argent est facile à trouver quand on ne se fait pas scrupule de le voler. Donne-moi mon épée ; je sais m'en servir encore.

QUINTANA.

Dois-je reprendre aussi la mienne ? J'ai un peu oublié...

ANGELO.

Attends ! ce papier laissé ici par l'ermite qui m'y a précédé ?...

QUINTANA.

Ces pouvoirs délivrés par le Saint-Office ? C'est la meilleure arme, ne l'oublions pas ; mais où allons-nous ?

ANGELO.

Pour commencer, nous allons rejoindre Lupo dans la forêt, et nous ferons avec lui la guerre au genre humain. Je veux faire le mal, je veux me venger du ciel, je veux être un coup de foudre sur la terre! (Ils partent.)

ACTE DEUXIÈME.

(Au château de Montelupo.)

SCÈNE PREMIÈRE.

LIVERANI, vieillard paralytique, sur un fauteuil, ROLAND.

LIVERANI.

Roland, quel était donc ce bruit que j'ai entendu sur le Vésuve il y a environ une heure?

ROLAND.

Ce ne peut être que votre fils Lupo, qui donnait la chasse aux sangliers de la forêt.

LIVERANI.

Je n'ai pas entendu le son des cors et les aboiements de la meute. Roland, mon fils est peut-être aux prises avec les brigands qui désolent le pays!

ROLAND.

Quand cela serait, noble seigneur, il les dispersait comme une vile canaille. Il lui suffirait de se montrer.

LIVERANI.

Je ne comprends pas qu'ils viennent si près de notre château. Les temps sont bien changés, Roland! Dans ma jeunesse, des bandits n'eussent pas osé poser le pied sur les terres de Montelupo!

ROLAND.

Les jeunes seigneurs d'à présent s'absentent plus souvent de chez eux : les plaisirs de la ville...

LIVERANI.

Mon fils est souvent à Naples. Je suis content qu'il y soutienne l'honneur de son nom, et j'espère qu'il y fera un mariage digne de lui. Je trouve bon qu'il prenne du plaisir, il n'est que trop occupé de ma triste existence de vieillard et d'infirme; mais n'est-ce pas lui que j'entends? Va donc voir. (Roland va au fond. Entre Lupo.)

SCÈNE II.

LUPO, LIVERANI, ROLAND.

LUPO, à Roland, au fond.

Est-ce qu'il a entendu?...

ROLAND.

Oui, mais il ne se doute de rien. Rentrez-vous sain et sauf, mon maître?

LUPO.

Tant s'en faut. J'ai plus d'un accroc que tu panseras tantôt ou ce soir, quand j'aurai le temps.

(Roland sort.)

LIVERANI, à Lupo qui l'embrasse.

Enfin te voilà! Il y a trois jours que je ne t'ai vu!

LUPO.

Est-ce un reproche, mon père?

LIVERANI.

Jamais tu n'en peux mériter, toi, le modèle des fils.

LUPO.

Mon père, je n'aime que vous au monde.

LIVERANI.

Il faut pourtant aimer tous les hommes.

LUPO.

Les hommes sont mauvais, vous seul êtes bon.

LIVERANI.

Mais Dieu nous commande d'aimer les mauvais aussi.

LUPO.

Et vous êtes comme Dieu, vous! vous avez la patience infinie!

LIVERANI.

Mais dis-moi donc d'où tu viens et ce qui s'est passé tout à l'heure dans nos environs.

LUPO.

Tout à l'heure? un engagement entre quelques bandits et quelques archers de la garde. J'ai vu la chose en passant. Je revenais de Naples, où j'ai été pour ces affaires que vous savez.

LIVERANI.

Ces brigands ne menacent pas notre domaine?

LUPO.

Ils n'oseraient.

LIVERANI.

Et nos affaires? elles sont terminées à ta satisfaction?

LUPO.

Et à la vôtre. Les gens qui vous devaient de l'argent l'ont rendu, et je vous l'apporte. (A part.) Hélas! rien!

LIVERANI.

Garde-le, je n'en ai que faire, puisque tu veilles à tous mes besoins avec tant de tendresse.

LUPO, tristement.

Vous êtes donc content de moi?

LIVERANI.

Dieu m'a béni entre tous les pères, puisqu'il m'a donné un fils tel que toi, l'honneur de ma race et la joie de mon cœur.

LUPO.

Hélas!

LIVERANI.

Qu'as-tu?

LUPO.

J'admire avec quel courage et quelle douceur vous supportez cette cruelle infirmité.

LIVERANI.

J'en ai été jadis effrayé pour toi, dont je me suis vu comme séparé à l'âge où, entrant dans la vie, tu avais le plus besoin de ma surveillance et de mes conseils; mais depuis dix ans que je suis cloué sur ce fauteuil, mon malheur m'a fait connaître tes doux soins et ta fidèle amitié. Je remercie Dieu.

LUPO.

Mais votre pauvre corps souffre!

LIVERANI.

Je n'en sais plus rien quand je te vois.

LUPO.

Vous soigne-t-on toujours bien quand je m'absente?

LIVERANI.

Je n'ai besoin que de Roland, c'est un serviteur dévoué, et il t'aime.

LUPO.

Vous ne vous ennuyez pas?

LIVERANI.

Non! je pense à toi, et nous en parlons.

LUPO.

N'est-ce pas l'heure de votre dîner? (Roland rentre.)

LIVERANI.

Voici qu'on me l'apporte. C'est trop peu de

chose pour toi, va prendre ton repas. Tu dois avoir faim.

LUPO.

Non! je veux avoir le plaisir de vous servir moi-même. (Il prend le plateau des mains de Roland.)

ROLAND, bas.

Vos amis de Naples sont là : une joyeuse bande avec des dames!

LUPO, de même.

Le diable les emporte!

ROLAND.

Votre maîtresse est avec eux.

LUPO.

Delia?

ROLAND.

Oui.

LUPO.

La maîtresse à tout le monde! Dis-lui qu'elle s'attende à recevoir des coups. (A son père.) Que voulez-vous manger, cher père?

LIVERANI.

Seulement ce suc de viandes. Aide-moi à porter la coupe à mes lèvres.

LUPO, l'aidant.

Vous mangez trop peu. Est-ce qu'on ne vous sert pas ce que vous aimez?

LIVERANI.

Si fait! mais le corps qui n'agit pas refuse peu à peu les aliments. Je n'aurai qu'un regret de mourir, mon enfant, ce sera de te laisser seul.

LUPO.

Vous souhaitez que je me marie?

LIVERANI.

C'est mon plus cher désir.

LUPO.

Il sera fait comme vous voudrez, bien que je ne me soucie d'aucune femme.

LIVERANI.

N'en cherche pas une trop belle, c'est une chose périlleuse que d'être le gardien de la beauté.

LUPO.

La laideur est-elle donc une garantie?

LIVERANI.

Es-tu disposé au soupçon? Ne sois pas jaloux, mon fils, ou fais que cela ne paraisse pas. Il n'est pas de femme qui se conduise bien quand on doute d'elle. C'est par la confiance qu'on entretient l'amour. Aime-la, sers-la, traite-la comme ton égale, élève tes enfants dans le respect de leur mère. Ils seront un jour hommes de bien comme toi.

LUPO.

Comme moi !...

ROLAND.

Ne lui parlez plus. Il s'endort toujours après son repas, et tenez, le voilà endormi déjà !

LUPO.

Pauvre cher père! que deviendra-t-il si on découvre le métier que je fais, et s'il faut que je me réfugie dans un autre pays?

ROLAND.

Je ne le quitterai pas; mais il faudrait nous laisser une certaine somme qui me permît de le préserver de la misère et de lui cacher que toutes vos terres sont vendues ou engagées.

LUPO.

Une somme! oui, voilà ce qu'il faudrait, et je

ne rapporte plus de mes expéditions que des blessures! N'importe, tu l'auras, cette somme, tu peux compter que tu l'auras, fallût-il l'arracher avec la vie à mon meilleur ami... Mais ne crains-tu pas que mon père ne vienne à être inquiété comme complice de mes coups de main?

ROLAND.

Sa vertu le mettra à l'abri du soupçon.

LUPO.

Si on l'interrogeait, il apprendrait tout!

ROLAND.

Il n'y croirait pas!

LUPO.

Tu nieras toujours?

ROLAND.

Je dirai que le chef des bandits du Vésuve prend votre nom, et je lèverai les épaules. Vous allez toujours masqué dans vos courses périlleuses. A propos, j'ai réparé moi-même le secret de la trappe. Si vous étiez envahi à l'improviste, ne songez qu'à vous glisser dans cette salle.

LUPO.

Par l'escalier dérobé qui tourne dans tout le donjon, ce serait facile. (Il va regarder et faire jouer le ressort de la trappe.)

ROLAND.

N'oubliez pas que vos amis vous attendent.

LUPO.

Ils viennent à la male heure! je vais les congédier... mais je veux pourtant leur demander...

ROLAND.

La somme pour votre père? Oui, allez, je le conduirai dans sa chambre.

LUPO.

Je t'aiderai... je le vois si peu! (Ils sortent en roulant le fauteuil de Liverani par la droite.)

SCÈNE III.

ANGELO, QUINTANA, par le fond.

QUINTANA.

Pour entrer ainsi céans, vous connaissez donc le manoir de Montelupo?

ANGELO, qui regarde le côté par où Lupo est sorti.

Non, mais il n'est pas difficile d'entrer dans un logis si peu gardé.

QUINTANA.

Il est certain que la valetaille n'est pas nombreuse et qu'elle n'a pas l'air zélé des gens qu'on paie bien. Pourvu que la cuisine ne soit pas vide !

ANGELO, qui regarde à toutes les portes et qui paraît faire ses observations.

Tu ne songes qu'à manger !

QUINTANA.

Écoutez donc, seigneur Angelo, il y a cinq ans que j'ai faim ! et puis, pour commencer, vous me faites tirer l'épée….. J'en avais perdu l'habitude, et l'émotion ça creuse le ventre,

ANGELO.

Poltron ! tu t'es caché au lieu de m'aider à disperser ces archers,

QUINTANA.

Dame ! vous voulez que je sois ruffian, et puis moine, et puis bandit ! Donnez-moi le temps de m'habituer à ces fortunes diverses. Un homme n'a qu'une vie à dépenser, et vous m'en mettez trop sur le corps. Quelle idée fantasque avez-vous eue tout à l'heure de porter secours à Lupo, qui se serait fort bien tiré d'affaire sans vous!

ANGELO.

Il était perdu sans moi!

QUINTANA.

Ce n'eût pas été un grand mal.

ANGELO.

Je veux qu'il soit mon obligé.

QUINTANA.

Il n'a pas seulement fait attention à vous, pressé qu'il était de rentrer chez lui sans être reconnu.

ANGELO.

Il m'a vu, il m'a fait signe. Il compte me revoir ailleurs; mais moi je veux le voir chez lui et savoir comment il y agit pour mériter la faveur céleste.

QUINTANA.

En ce cas, je vais voir, moi, si le garde-manger est approvisionné par les anges... (Allant au fond et revenant.) Peste! voici une dame de grande allure, sans doute la maîtresse de Lupo.

ANGELO.

Laisse-nous.

QUINTANA.

Je crains pour vous l'aiguillon de la chair; vous piétinerai-je?

ANGELO.

Va-t'en! (A part.) Mes passions sont déchaînées et repoussent à jamais le frein!

SCÈNE IV.

ANGELO, DELIA.

ANGELO, surpris.

Comment, Délia! toujours jeune et belle?

DELIA.

Est-ce toi, mon pauvre... Comment donc t'appelles-tu?

ANGELO.

Tu as oublié jusqu'au nom d'Angelo?

DELIA.

Angelo Ariani! c'est la vérité! Qu'es-tu donc devenu depuis si longtemps que tu as disparu de Rome et de Naples? Sors-tu de prison ou de maladie?

ANGELO.

Je sors des ténèbres, et je revois le soleil. J'étais dans l'abîme de la mort, et je bois la vie en te regardant.

DELIA.

Sois prudent. Lupo est mon amant et mon maître.

ANGELO.

Il est jaloux?

DELIA

Il est brutal dans la colère et cruel dans la vengeance. Il te tuerait s'il nous trouvait seuls ensemble.

ANGELO.

Je ne le crains pas.

DELIA.

Tu as tort : c'est un homme que nul ne peut vaincre.

ANGELO.

Je le vaincrai, moi. J'allumerai le feu de sa rage, je le forcerai de se perdre.

DELIA.

Tu le hais donc?

ANGELO.

Oui, si tu l'aimes.

DELIA.

Que veux-tu ! c'est un amant libéral, et, sans la rudesse de son langage...

ANGELO.

Je sais qu'il a toujours l'injure à la bouche, par conséquent la haine dans le cœur,

DELIA.

C'est selon. Il est bon par moments. Il chérit son père.

ANGELO.

Ce vieillard cacochyme que j'ai aperçu là tout à l'heure?

DELIA.

Le vieux Liverani Montelupo ignore les escapades de son fils; il ne voit personne, et sa confiance est sans bornes. Mais sauve-toi, voilà Lupo !

(Elle fuit par la gauche.)

ANGELO.

Celui qui est en révolte contre Dieu ne craint aucun homme.

SCÈNE V.

ANGELO, LUPO.

LUPO, qui a vu sortir Delia.

Qui vous a permis d'entrer chez moi sans vous faire annoncer et de parler à ma maîtresse?

ANGELO.

Prenez garde à qui vous parlez vous-même.

LUPO, surpris.

L'ermite du Vésuve devenu cavalier!

ANGELO.

Le même qui vous a secouru tout à l'heure à l'entrée de la plaine.

LUPO.

Comment! l'homme masqué qui m'a aidé à regagner ma demeure?

GELO.

Et à disperser les archers...

LUPO.

Silence, ami! je vous dois l'hospitalité; mais gardez-moi le secret dans cette maison, parlons bas. Étiez-vous un faux ermite?

ANGELO.

J'étais pieux et fervent. Désormais j'appartiens à l'enfer que vous servez.

LUPO.

Est-ce une manière de dire que vous voulez faire fortune et servir sous mes ordres?

ANGELO.

Je veux être obéi comme vous. Associez-moi à votre autorité.

LUPO.

Vous demandez l'impossible. Mes sauvages compagnons refuseraient tout autre commandement que le mien.

ANGELO.

C'est-à-dire que vous refusez le secours d'un homme intelligent : vous ne voulez conduire que des brutes!

LUPO.

Nous faisons un métier de brutes. Si vous êtes intelligent, cherchez un meilleur chemin.

ANGELO.

Vous vous méfiez de mon courage!

LUPO.

Non, je doute de votre persévérance. Et puis, tenez, ne vous abusez pas : le métier est perdu. Nous avons trop de concurrence, les paysans ne nous aident plus, les soldats ont l'éveil. Dans votre intérêt, je vous engage même à ne pas rester ici en vue : je suis menacé à chaque instant. Je vais donner des ordres pour qu'on vous conduise dans une chambre où vous serez servi. (Il sort. Delia, qui le guettait, rentre.)

SCÈNE VI.

DELIA, ANGELO.

DELIA.

Eh bien ! il t'a parlé en confidence. Vous êtes grands amis à présent ?

ANGELO.

Non, il refuse mon alliance, il paraît découragé, — ou je lui déplais. Peu m'importe, si tu veux me garder à ton service.

DELIA.

Es-tu fou ? Pour m'arracher à Lupo, il faudrait le tuer.

ANGELO.

Je le tuerai si tu veux.

DELIA.

Mais... es-tu riche?

ANGELO.

Je le serai quand il te plaira. Le diable est à mes ordres.

DELIA, riant.

T'es-tu donné à lui?

ANGELO.

La chose n'est pas difficile pour moi, je n'y risque plus rien.

DELIA, railleuse.

Je vois que tu es un plus hardi compagnon que Lupo, car il ne dirait pas de tels blasphèmes.

ANGELO.

Je suis plus brave et plus épris que lui.

DELIA.

Mais tu invoques le démon, ce qui veut dire que tu n'as ni sou ni maille. Tâche de gagner au jeu, et tu auras quelque chance auprès des femmes.

ANGELO.

Tu me refuses? tu me repousses, toi aussi?

DELIA.

Va-t'en. Si Lupo savait que tu oses... Écoute ; le voilà déjà hors de sens ! il crie et jure ; il faut savoir ce que c'est. (Elle sort par le fond.)

SCÈNE VII.
ANGELO.

Ainsi le bandit me dédaigne et la courtisane me méprise ! Lupo ne m'invite pas même à sa table, et sa maîtresse ne craint pas de m'offenser parce que je suis pauvre ! Allons, je veux me faire craindre, et à mon tour j'humilierai les autres ! Ses bandits n'obéissent qu'à lui !... Si je le perdais auprès d'eux ! si je l'accusais de vouloir les livrer ! — Son père l'aime : si je révélais son infamie au vieillard ! Voyons, quel mal pourrais-je faire à ce voleur de profession qui m'a volé ma place là-haut ? Je sens que je le hais d'une haine mortelle, inextinguible ! Je voudrais le torturer ! Je sens un volcan gronder dans ma tête, une bile corrosive s'amasser dans mon foie ! C'est un vautour que j'ai là ! je suis dévoré vivant par les monstres ! J'anticipe l'enfer !

SCÈNE VIII.

ANGELO, QUINTANA.

QUINTANA.

Venez, mon maître, ne restons pas ici. La maison est entourée de figures étranges. Lupo ne paraît pas s'en tourmenter; moi, je ne me sens pas en sûreté, et je commence à regretter l'ermitage où nos haillons n'étaient pas suspects.

ANGELO.

J'irai voir ce qui se passe, suis-moi. (Ils sortent.)

SCÈNE IX.

Entrent par le fond LUPO, GALVAN et LISANDRO.

LUPO, irrité.

Comment, vous venez chez moi festoyer avec l'argent que je gagne à la pointe de l'épée!...

GALVAN, qui l'amène.

Parlez moins haut, expliquez-vous sans bruit. Si vous êtes sûr de vos gens, nous ne pouvons répondre des nôtres, et tous vos amis ne connaissent pas votre secret. Vous bravez trop l'opinion, vous vous ferez arrêter.

LUPO.

Je défie l'univers, et vous, vous craignez de vous compromettre. Vous êtes tous des lâches !

GALVAN.

Si vous êtes ivre, dites-le, ou bien...

LUPO.

Je ne le suis pas. Je n'ai rien pris depuis hier, j'ai couru toute la nuit, tout le matin, et je tombe de fatigue ; mais vous m'exaspérez...

LISANDRO.

Faites-vous une raison : nous n'avons pas d'argent.

LUPO.

Quoi ! pas même entre vous tous une misérable somme de mille ducats ?

GALVAN.

Nous avons fait comme vous, nous avons ruiné nos parents, et quand le jeu nous est contraire, comme à vous les promenades au clair de lune, nous sommes lavés et rincés comme les cailloux de la mer.

LISANDRO.

Aussi nous venions chez vous avec l'espoir de nous refaire un peu en jouant sur parole.

LUPO.

Oui, vous refaire à mes dépens, comme toujours!

GALVAN.

Un gentilhomme reproche-t-il à ses amis l'argent qu'ils lui gagnent?

LUPO.

Je vous reproche de me refuser une misère, à moi qui ne vous ai jamais rien refusé.

LISANDRO.

Vous, c'est différent, vous rançonnez les voyageurs! Vous vous procurez tout ce qu'il vous faut.

LUPO.

J'ai dévasté le pays, j'ai porté l'épouvante sur tous les chemins. Mon nom n'est plus un secret et il faut que je change le théâtre de mes exploits. Mes dernières campagnes m'ont coûté plus de peine qu'elles ne m'ont rapporté d'écus, et pourtant jusqu'à ce jour je vous ai donné sans compter. Où a passé tout le produit de mes prises? Mon pauvre père se contente du strict nécessaire; oui, mes amis et mes maîtresses ont seuls profité de mon péril, de ma fatigue, de ma sueur et de mon sang! Allons! vous devriez rougir de l'insistance où vous me réduisez. Vous deux mes meilleurs amis, ceux qui me doivent le plus... Vous surtout, Galvan, qui êtes riche par votre oncle... Voyons, écrivez-lui, j'enverrai un exprès à Naples. Dites-lui que c'est une dette d'honneur, Roland ira lui-même et lui donnera confiance. Écrivez, je n'ai pas un jour à perdre.

GALVAN.

Dites à la lave du Vésuve de se changer en or, elle vous obéirait plus volontiers que moi : l'argent est enfermé dans les caves de mon oncle; mais écoutez, je suis venu pour vous entretenir d'un projet que j'ai confié à Lisandro.

LUPO.

Voyons, parlez vite!

GALVAN.

Mondit oncle est parti ce matin de Naples pour visiter ses domaines de l'autre côté de la montagne. Il a plus de mille ducats à toucher, et il les rapportera jeudi soir. Ne m'entendez-vous pas?

LUPO.

Non. Vous irez le trouver?

GALVAN.

Non pas moi, mais vous.

LUPO.

Il se moquera de ma demande!

GALVAN.

Non pas, si vous êtes masqué, bien armé et bien accompagné.

LISANDRO.

L'idée est bonne... et naturelle; c'est votre état de rançonner les passants attardés.

GALVAN.

La chose vous convient?

LUPO.

Fort peu! il n'y a point d'honneur à effrayer un vieillard. N'importe, j'irai. Il me faut cet argent. Quel chemin doit-il prendre au juste?

GALVAN.

Il est très-méfiant et ne suit jamais les routes. Il se fait un plaisir de dépister les plus fins larrons; mais j'ai gagné un de ses valets, je me suis fait tracer le plan assez compliqué qu'il doit suivre, je vous le remettrai.

LUPO.

Venez avec moi, c'est plus simple.

GALVAN.

Non, je répugne à user de violence avec un si proche parent.

LUPO.

Je répugne aussi à la violence, — votre oncle fut l'ami de mon père ; — mais je jure d'être seul et de ne lui faire aucun mal.

GALVAN.

La chose est difficile. Il est toujours bien escorté, et vous savez qu'il est encore vert ; il défendra ses doublons avec rage et se servira de ses armes. Vous voyez que l'affaire n'est pas une plaisanterie.

LUPO.

Vraiment ?

LISANDRO.

Parbleu ! nous espérons bien qu'il se fera tuer plutôt que de lâcher sa bourse !

LUPO.

Vous espérez ?...

LISANDRO.

Sans doute. Vous faites la besogne, et nous héritons !

LUPO, à Galvan.

C'est là ce que vous me proposez ?

GALVAN.

Non ! mais si un malheur arrivait... aux mille ducats de votre prise, j'en ajouterais mille autres...

LUPO.

Sortez de chez moi, lâches canailles, et n'y rentrez jamais ! Sortez, sortez, ou je vous jette par les fenêtres. (Il les chasse. Délia, qui sort d'une pièce voisine, veut traverser pour sortir.)

SCÈNE X.

DELIA, puis LUPO.

DELIA.

Le temps est à l'orage, sauvons-nous !

LUPO, qui rentre, l'arrête.

Où vas-tu ? Écoute-moi !

DELIA.

J'ai entendu. Eh bien, mon agneau, vous avez fait justice de ces parasites... Ils méritaient bien plus de coups que vous ne leur en avez donné.

LUPO.

Ah! Délia! toi seule as de l'amitié pour moi! Malgré tes trahisons, je sais que tu m'aimes. Je t'ai faite riche : c'est toi qui me prêteras.

DELIA.

Hélas! mon amour, j'ai des parents qui me dépouillent et vous me trouvez à sec.

LUPO.

Est-ce un refus?

DELIA.

Non, idole de mon âme! Je voudrais avoir le Pactole pour t'abreuver.

LUPO.

Mais je t'ai donné tant de riches bijoux! Vends la chaîne de rubis ou le bandeau de perles.

DELIA.

Un gentilhomme reprend-il à sa maîtresse les dons de son amour?

LUPO.

Ne les vends pas, engage-les. Je te réponds de te les rapporter avant un mois.

DELIA.

Tu iras les reprendre de force au juif qui m'aura prêté?

LUPO.

Et je le tuerai s'il résiste, fût-il gardé par cent diables; tu peux donc être bien sûre de ravoir tes parures. Allons, ne m'irrite pas par des lenteurs. Vite, décide-toi, je suis pressé!

DELIA.

Mon ange, te voilà donc ruiné et traqué comme un cerf aux abois?

LUPO.

Si de mes richesses il ne me reste plus que des cornes, tu en sais quelque chose, femelle de malheur!

DELIA.

Tu me dis des injures, lumière de mes yeux!

LUPO.

Et je te brise la tête contre ce mur si tu me railles.

DELIA.

Allons, allons, calme-toi, mon bien ; je pars pour Naples, et je reviens avec l'argent.

LUPO.

Ce soir ! Il faut que ce soit ce soir !

DELIA.

Oui, ce soir ou jamais !

LUPO.

Ou jamais ? (Il lui saisit le bras et la regarde dans les yeux.)

DELIA, effrayée.

Laisse-moi partir !

LUPO.

Tu as peur ! tu comptes ne pas revenir !

DELIA.

Mais non !

LUPO.

Si fait ! Tiens, tu te moques. Tu m'as mille fois trahi, et maintenant tu m'abandonnes parce que tu me vois perdu, lâche cœur ! J'ai ce que je mérite, mais tu ne me quitteras pas sans emporter une marque de mon mépris. (Il lui frappe la figure de son gant et sort.)

10.

SCÈNE XI.

DELIA, puis ANGELO.

DELIA.

Ah! c'en est assez! frapper une femme, quand on n'a plus rien à lui donner, c'est dans l'ordre; mais je n'aurais pas cru qu'il en viendrait à me vouloir gâter le visage! Ah! Angelo, tu viens à point. Vois cette goutte de sang sur ma lèvre! veux-tu la boire?

ANGELO.

Oui, et ton âme avec!

DELIA.

Mais il faut me venger de Lupo.

ANGELO.

C'est déjà fait.

DELIA.

Comment?

ANGELO.

Peu importe! Viens, il ne faut pas que tu restes ici.

DELIA.

Est-ce qu'on vient pour l'arrêter? Je veux rester, je veux le démasquer, l'accuser...

ANGELO.

C'est fait.

DELIA.

Je veux que son père rougisse de lui et le maudisse !...

ANGELO.

Ce sera fait.

DELIA.

Que ses amis l'abandonnent et le renient !

ANGELO.

Tout est fait ou va l'être.

DELIA.

Comment? par qui?

ANGELO.

Par moi. Nous sommes vengés, femme, et tu m'appartiens; suis-moi!

DELIA.

Pas encore... attends... Dis-moi, qu'est-ce qu'on va lui faire, à lui?

ANGELO.

L'emmener à Naples et le livrer au Saint-Office.

DELIA.

C'est la torture?

ANGELO.

Et le bûcher.

DELIA.

On brisera et on déchirera ce beau corps?

ANGELO.

Et on jettera sa cendre aux vents.

DELIA.

Je ne veux pas.

ANGELO.

Que dis-tu?

DELIA

Je dis que je ne veux pas!

ANGELO.

Tu l'aimes donc?

DELIA.

Je l'adore et veux le sauver.

ANGELO.

Il est trop tard!

DELIA.

Tu le peux, toi, et je t'ordonne de le faire. Tu m'aimes, je le vois! Eh bien! sauve-le, et je suis à toi!

ANGELO.

A moi seul?

DELIA.

A toi seul. Tiens, avec de l'or on peut tout; prends cette bourse. Moi, je vais dire à Lupo de fuir. (Elle sort.)

SCÈNE XII.

ANGELO.

Elle l'aime! Le vieux Liverani refuse de croire à ses crimes! Ils l'aiment tous ici! Quel charme possède donc le serpent? Le sauver, moi! Non, cette femme sera ma proie quand je voudrai. (Regardant la bourse.) Me voilà maître de mes actions et de celles des autres; mais j'avais déjà un talisman plus puissant encore... et voici le moment d'en faire usage.

SCÈNE XIII.

ANGELO, LE CHEF DES SBIRES,
entrant avec précaution.

ANGELO.

Eh bien?

LE CHEF.

Nous sommes maîtres de tous les passages. Tous les valets sont gardés à vue. Seul, Lupo nous échappe.

ANGELO.

Déjà? C'est impossible. Il était là tout à l'heure!

LE CHEF.

Ce château est, dit-on, rempli de secrets et d'embûches. En nous apercevant, Lupo a eu le temps de se cacher. Ses domestiques lui sont dévoués. Personne ne le trahira. J'ai peu d'hommes avec moi, et ils ne sont pas rassurés.

ANGELO.

Menacez-les!

LE CHEF, avec importance.

Nous connaissons notre état.

ANGELO.

Je le connais mieux que vous.

LE CHEF.

Alors tâchez de pénétrer dans l'épaisseur de ces murs et d'y saisir l'ennemi.

ANGELO.

C'est inutile; faites-le appeler.

LE CHEF.

Par qui?

ANGELO.

Par son père.

LE CHEF.

Il l'aime, dit-on, plus que sa vie; il n'y consentira jamais. (Angelo lui dit un mot à l'oreille.) Je ne puis, il faudrait des ordres.

ANGELO.

Je vous en donne, moi!

LE CHEF.

Appartenez-vous au Saint-Office?

ANGELO, lui montrant le parchemin.

En voici la preuve.

LE CHEF.

Ce n'est pas une raison pour ordonner...

ANGELO.

La tête du brigand est mise à prix. Je prends tout sur moi, et je vais vous aider. (Ils sortent par la droite.)

SCÈNE XIV.

LUPO; il vient par une porte secrète dans la tenture et va vite fermer celle par où sont sortis Angelo et le chef, après avoir jeté un coup d'œil auparavant.

Ah! ah! l'ermite défroqué avec le chef des sbires? Le pauvre diable est pris! Je l'avais averti pourtant! On le conduit chez mon père?...Pourquoi?...

Mon pauvre père! on va l'interroger, et voici l'heure redoutée! Comme il va être surpris et affligé! Mais Roland est là... il niera tout... N'importe... je ne puis me résoudre à m'éloigner. Je devrais aller le disculper, car qui sait si on ne l'accuse pas d'être trop indulgent pour moi? On verra bien, à son étonnement, à sa douleur, qu'il n'a jamais rien su! Si j'étais là, je ne pourrais soutenir son regard. Je me trahirais! Eh bien, pourquoi n'avouerais-je pas? Je suis las de ces angoisses, et la vie ne m'étourdit plus. — Mais lui! ma mort le tuerait... ma honte encore plus. Je veux me sauver encore et le sauver avec moi... On vient, je crois!... (Il va vers la trappe.) Non! ce n'est rien... et même le silence avec lequel on procède m'étonne!... Ils y mettent de la finesse... je suis plus fin qu'eux; ils ne m'auront pas, ils n'auront jamais vivant le loup de Montelupo! Être pris par de pauvres mercenaires, moi? Allons donc! (Il descend une marche du passage secret.) Qu'est-ce donc que ce papier? (Il remonte et va le ramasser.) Peut-être un avis de Roland?... Non! plaisante chose! c'est le plan de voyage du vieux Galvan, que son lâche neveu voulait me faire assassiner! Avais-je donc mérité l'outrage d'une telle offre? suis-je tombé si bas?... (On entend un gémissement.) Qu'est-ce que cela? Maltraite-t-on mes gens? (Il écoute.) J'ai peut-être rêvé!... (Un second gémissement plus distinct et plus douloureux.) C'est la voix de mon père! Il souffre, il pleure!... Est-ce qu'il plie sous l'horreur de la vérité? (Un cri aigu.) On le torture! pour moi, pour moi! Infâmes! arrêtez! (Il secoue la porte qui est fermée en dehors.) Mon père, mon pauvre père! Me voici! c'est moi... bourreaux! moi! Lupo, je me rends, je me livre, prenez-moi, mais prenez-moi donc!... Ah! la voix me manque, l'horreur me glace, ils ne m'entendent pas! (Il tombe épuisé en rugissant d'une voix étouffée.)

SCÈNE XV.

ANGELO, LUPO.

ANGELO.

Le voilà vaincu, je tiens sa vie! Je veux d'abord perdre son âme. Lupo! Lupo!

LUPO, égaré.

Où suis-je? Qui êtes-vous?

ANGELO.

Je suis le démon, je viens chercher ton âme maudite !

LUPO.

Si tu es le démon... si tu peux me perdre et sauver mon père, fais de moi ce que tu voudras ; qu'il meure en paix. Je donne mon éternité pour une heure de son repos ! (Il s'évanouit.)

ANGELO.

Le voilà damné ; il faut qu'il meure en état de péché mortel ! (Il tire son épée pour le frapper. L'archange Michel, qui est représenté sur la tapisserie, s'en détache et couvre Lupo de son bouclier.) Ah ! encore le miracle !... (Il fuit à l'autre bout de la chambre en se cachant le visage. La figure de l'archange rentre dans la tapisserie. Lupo se ranime et se relève.)

SCÈNE XVI.

Les Mêmes, LIVERANI.

LUPO.

Mon père debout ! (Il se jette dans ses bras.)

ANGELO, qui se tient caché derrière un meuble, à part.

Le paralytique !

LIVERANI, à son fils.

Tu vois! Dieu a voulu que les bourreaux fussent mes chirurgiens. La souffrance a brisé les liens qui me retenaient inerte. J'ai pu me lever pour protester de ton innocence. Ce prodige les a épouvantés et mis en fuite. Ils n'ont pas entendu tes cris, mais j'ai entendu, moi, et j'ai eu la force de venir te dire : Tais-toi, mon fils, tais-toi!

LUPO.

Me taire! quand ils vont revenir peut-être!

LIVERANI.

Je pars pour Naples. J'irai me mettre sous la protection des lois, qui ont été méconnues par ces sbires et par je ne sais quel faux inquisiteur que je démasquerai. Pour toi, fuis, fuis à l'instant même, car on te cherche encore.

LUPO.

Fuir? vous quitter?

LIVERANI.

Tu ne peux qu'aggraver mon péril.

LUPO.

Mon père, vous me jugez coupable?

LIVERANI.

Coupable ou non, sauve ta vie, si tu veux prolonger la mienne.

LUPO.

Vous ne me maudissez pas?...

LIVERANI.

Maudire mon fils! est-ce possible? Allons, pars, je le veux. Obéis-moi, j'ordonne.

LUPO.

Oh! mon pauvre père, je baise vos genoux sanglants... pour moi, mon Dieu, pour moi!

LIVERANI.

Embrasse-moi!

LUPO.

Je n'en suis pas digne.

LIVERANI.

Peut-être, mais je t'aime! va! (Lupo sort par la trappe.)

SCÈNE XVII.

LIVERANI, ROLAND, ANGELO, caché.

ROLAND, avec un reste de corde autour du bras.

Ah! mon maître, vous ici? comment?

LIVERANI.

J'ignore si je conserverai l'usage de mes membres. Où sont les sbires?

ROLAND.

Partis avec épouvante en criant au miracle ; c'est donc...?

LIVERANI.

Viens, profitons de leur trouble. Je te dirai ce que je veux. (Ils sortent.)

SCÈNE XVIII.

ANGELO.

Sauvés tous, et je reste là sans courage pour m'opposer à leur fuite? — Cette vision... Ah! je ne puis rester ici, j'y deviendrais fou! Lupo ignore ma trahison; je le suivrai. (Il veut sortir par la trappe.) Il a refermé la trappe! Oserai-je passer sous le glaive de l'archange? — Eh quoi ! il y a un instant, j'étais ici le maître, et m'y voici captif... captif de ce glaive et de ces yeux étincelants!... j'essaierai de prier... prier, qui? le Punisseur inexorable? Dieu peut-il se déjuger? Heureux ceux qui n'y croient pas! Si la foi était un leurre? si le vertige de la peur avait seul évoqué ces fantômes qui me poursuivent? Qui sait? je lutterai! je lutterai contre Dieu! S'il lui plaît de prendre pour sa brebis favorite le loup sanguinaire, je lui arracherai cet objet d'amour et je forcerai les portes du ciel! Archange, je te défie! (Il s'élance l'épée en main vers l'archange qui reste immobile. Angelo sort par le fond.)

ACTE TROISIÈME.

(Un site Salvator Rosa, dans des rochers abrupts, au bord de la mer. — Le soleil vient de se coucher. — Peu à peu la nuit vient et la lune se montre.)

SCÈNE PREMIÈRE.

LUPO.

Me voilà seul, et j'ai brûlé mes vaisseaux! La destinée m'amène en ce lieu maudit où m'attend ma première lâcheté! Seul, aux aguets, comme le renard cauteleux qui guette une misérable proie, le loup redouté va combattre sans péril et sans gloire! et dire qu'il le faut! que ce qui reste en moi d'humain me commande cette infamie! O mon père, si tu me voyais agir pour toi de la sorte, tu préférerais tendre la main ou travailler à casser les pierres du chemin! Mais qui donc ose gravir ce sentier, en tirant un maigre cheval par la bride? Malheureux, rends grâce à ton piteux équipage, tu n'es pas le gibier qu'il me faut! — Que fait-il? il m'a vu et il vient à moi! Roland?

SCÈNE II.

LUPO, ROLAND.

LUPO.

Toi, mon ami! Tu me cherches? Mon père?...

ROLAND.

Votre père va bien. Il a recouvré définitivement, je l'espère, la vigueur et la santé; mais son voyage à Naples n'a pas été aussi heureux qu'il l'espérait...Savez-vous que je viens de faire dix lieues d'une traite?...

LUPO, impatient.

Mon père, mon père d'abord! où est-il, que fait-il?

ROLAND.

Il est caché chez votre oncle, le cardinal. Il pensait qu'avec la protection de ce puissant beau-frère, il obtiendrait justice. Le pauvre homme persiste à vous croire innocent ; mais le cardinal pense autrement, et, s'il n'a pas voulu l'affliger trop en le lui disant, il lui a fait au moins comprendre que votre affaire était mauvaise, et que vous deviez tous les deux vous taire et vous éloigner.

LUPO.

Eh bien ! il va en fournir les moyens à mon père, et j'irai le rejoindre.

ROLAND.

Voilà l'embarras ! Le cardinal a tellement peur pour lui-même qu'il ne veut en rien contribuer à la fuite de son beau-frère. Il dit que c'est à vous d'aller le délivrer.

LUPO.

Le délivrer? Roland, tu ne me dis pas tout ! Mon père est en prison !

ROLAND.

Il peut y être d'un moment à l'autre.

LUPO.

Il y est !

ROLAND.

Eh bien, oui, depuis ce matin, et on ne m'a pas permis de l'y suivre. Voilà pourquoi je suis accouru vous trouver.

LUPO.

Malheur ! trois fois malheur ! Mon père dans un cachot ! C'est pour le tuer ou ramener son infirmité... Ils vont le mettre encore à la question... Ah ! fureur ! (Il s'arrache les cheveux.)

ROLAND.

Voilà ce que je craignais ; vous perdez la tête ! Voyons, écoutez-moi. En me voyant partir, le cardinal m'a dit : Que Lupo tente un coup de main pour le délivrer, ou qu'il vienne sans bruit, avec de l'argent, c'est le plus sûr ; l'argent ouvre toutes les portes.

LUPO.

Eh bien ! de l'argent, il en a, lui, et il ne t'en a pas offert?...

ROLAND.

Il m'en a même refusé !

11.

LUPO.

O avarice sans entrailles !

ROLAND.

J'ai couru chez votre maîtresse Delia. On ignore ce qu'elle est devenue. Depuis lundi dernier qu'elle était chez nous, à Montelupo, on ne l'a pas revue à Naples; j'ai couru alors chez votre ami Galvan. « Je n'ai pas un ducat, m'a-t-il dit; mais un autre Galvan peut en procurer beaucoup à votre jeune maître. Il sait bien en quel lieu, ce soir, il le trouvera, et je gage qu'il y est. Allez le trouver, dites-lui que, fallût-il aliéner la moitié de mon héritage, je jure de sauver son père de tout mal; c'est à lui de faire en sorte que mon oncle ne revienne pas de sa promenade. » — J'ai compris, je suis venu, je vous trouve au lieu désigné : tout va bien.

LUPO.

Tout va bien! voilà ce que tu me dis! Il faut que les vieux os de mon père pourrissent sur la paille des prisons ou soient brisés dans les tortures, si je n'assassine pas ce soir un de ses plus anciens amis, un vieux homme qui m'a fait sauter sur ses genoux quand j'étais petit enfant! Vraiment, non, tout ne va pas bien pour moi!

ROLAND.

Vous étiez décidé pourtant, puisque vous voilà ici. C'est bien ici qu'il doit passer ce soir?

LUPO.

J'étais décidé à le surprendre et à le voler lâchement.

ROLAND.

Vous?

LUPO.

Oui, moi! Les cris de mon père sur le chevalet ont tué mon orgueil. Je ne suis plus un chef de brigands, je suis un larron de la plus vile espèce!

ROLAND.

Il ne faut pas, mon cher maître! il n'y pas de honte à commander de hardis aventuriers et à faire ce que nous appelons la guerre de montagne. C'est le pays qui le veut, et c'est la richesse de l'habitant. Moi, j'ai eu mon père bandit dans l'Abruzze; je n'en rougis pas, et si le vôtre pensait comme moi..... Mais il a le respect des lois. Des idées de famille! chacun les siennes, n'est-ce pas? Avec lui, je dis comme lui; mais avec vous je dis : Vous n'êtes pas d'un sang à *tirer la laine*. Il ne s'agit pas de dérober, il faut rançonner. Un noble a ce droit-là sur les vilains; quand il l'exerce sur gens de toute condition, il manque aux lois, mais non à la fierté de sa race! Allons, mon jeune capitaine, reprenez votre rôle. Où sont vos bons compagnons, votre vaillante petite armée? Il faut la rassembler, l'heure approche.

LUPO.

Mes hommes! je n'en ai plus, je viens de les congédier.

ROLAND.

Bonté divine! pourquoi avez-vous fait cela?

LUPO.

Je ne sais! un dégoût de cette vie que mon père expie si cruellement, un repentir peut-être, l'idée que chacun de mes complices enveloppait comme moi ses proches dans sa ruine. Bref, j'ai résisté à leurs prières, à leurs menaces même, et ils se sont dispersés pour rentrer chez eux.

ROLAND.

Et vous comptiez attaquer seul le vieux Galvan?

LUPO.

Oui, l'effrayer par certain moyen et profiter du trouble de son escorte pour faire le coup, voilà ce que j'avais résolu.

ROLAND.

On peut vous aider; mais, s'il n'a qu'un millier de ducats, ce n'est pas de quoi délivrer mon vieux maître.

LUPO.

C'est vrai, il faut le tuer, Galvan le veut! eh bien, on le tuera! fasse le ciel qu'il se défende!... Si je le sommais de délivrer mon père?

ROLAND.

Il promettra tout, et, rentré à Naples, il vous dénoncera.

LUPO.

Si je le suppliais?...

ROLAND.

C'est un cœur d'airain, il est pire que le cardinal!

LUPO,

Il aimait pourtant mon père, j'en suis sûr,

ROLAND.

Depuis que vous êtes ruiné, il l'a abandonné.

LUPO.

Eh bien donc, malheur aux avares! ce ne sont pas des hommes! Si mon oncle était là, je le tuerais aussi! Allons un peu examiner le chemin : je ne saurais rester en place.

ROLAND.

Que ferai-je de ce cheval fourbu?

LUPO.

Amène-le, je sais où le cacher.

ROLAND, à part.

Un cheval qui erre sans cavalier, c'est un indice; je vais le saigner pour qu'il ne bouge plus. La vue du sang réveillera mon maître.

(Ils sortent.)

SCÈNE III.

TISBEA fuyant, poursuivie par QUINTANA. Il la saisit, et, au moment de crier, elle éclate de rire et lui donne un soufflet.

TISBEA.

Comment, c'est vous, frère Quintana? Ah! que vous m'avez fait peur! Pourquoi êtes-vous ainsi déguisé?

QUINTANA.

J'étais déguisé dans cette maudite grotte où je mourais de faim. Je suis redevenu un homme. Depuis trois jours je ne fais que manger.

TISBEA.

Grand bien vous fasse! Mais je n'aime pas les renégats; ne me suivez plus.

QUINTANA.

Beauté bronzée, vous avez su me plaire, et je suis un des vôtres. Écoutez-moi.

TISBEA.

Comment! un des miens?

QUINTANA.

Je suis bandit, comme votre ami Moffetta, et mon maître va être votre chef.

TISBEA.

Qui, votre maître? l'ermite? Fi! vous mentez! allons, laissez-moi!

QUINTANA.

Mon intention n'est pas de vous obéir; j'ai ouï dire qu'entre brigands tout était commun et se partageait comme entre frères...

SCÈNE IV.

Les Mêmes; MOFFETTA.

MOFFETTA.

Attends, figure de pendu! je vas te donner en frère la bénédiction que tu mérites! (Il le jette par terre et le foule aux pieds.)

QUINTANA.

Grâce, mon frère, pitié! tu me romps les côtes!

MOFFETTA.

C'est pour éteindre tes passions, barbe de bouc! (A Tisbea.) Viens! laissons-le se secouer, et retournons au village. J'ai toujours dit que ces ermites ne valaient rien! (Ils s'éloignent.)

QUINTANA, se relevant.

Le butor m'a trop piétiné! Si mon maître retourne au désert, il fera bien de le prendre à son service!

SCÈNE V.

QUINTANA, ANGELO, DELIA.

DELIA, qu'entraîne Angelo.

Je n'irai pas plus loin; je ne peux plus! (Elle tombe sur l'herbe, épuisée.)

QUINTANA, à part.

Mon maître ne me paraît pas plus encouragé que moi par le sexe.

ANGELO.

Que fais-tu ici? Ne t'ai-je pas dit d'aller tout préparer à l'ermitage pour me recevoir?

QUINTANA.

J'y allais, maître; mais une racine m'a fait tomber, et je boite.

ANGELO.

Va toujours! (Quintana s'éloigne; à Delia.) Allons, encore un peu de courage! nous sommes près du gîte.

DELIA.

Quel gîte peux-tu m'offrir dans cet endroit sauvage? Tu me trompes; au lieu de me ramener à Naples, tu m'égares et m'éloignes de plus en plus.

ANGELO.

Tu m'as promis...

DELIA.

J'ai payé ma dette : j'ai subi tes baisers, dont la violence m'effraie.

ANGELO.

Tu as promis d'être à moi seul.

DELIA.

Ne suis-je pas à toi seul depuis trois jours que nous errons ensemble, comme des chiens perdus dans la montagne et dans la forêt, avec des brigands pour escorte et des antres pour palais? Si tu m'aimes, viens partager à Naples mon luxe et mes plaisirs. Je n'ai pas promis d'être la compagne d'un bandit.

ANGELO.

Lupo était-il autre chose qu'un bandit?

DELIA.

Il ne m'emmenait pas dans ses courses. Il ne m'obligeait pas à gagner péniblement avec lui l'argent qu'il me donnait. J'ai juré d'être ta maîtresse, c'est bien assez, sans devenir ton esclave.

ANGELO.

Tu me hais?

DELIA.

Je te haïrai si tu me contraries davantage.

ANGELO.

Prends patience, demain j'aurai une litière et des serviteurs pour te reconduire à la ville. Viens seulement jusqu'à l'ermitage de la madone du Cèdre.

DELIA.

C'est un lieu saint. Ne crains-tu pas de le souiller par de profanes amours?

ANGELO.

Je ne crains ni le Ciel ni les hommes. Je ne crois plus à rien.

DELIA.

C'est pour cela que tu me fais peur!

ANGELO.

Si je te fais peur, tu ne songes qu'à m'échapper; mais c'est en vain. Lève-toi et marchons.

DELIA.

Non j'aime mieux mourir là.

ANGELO, menaçant.

Mourir là? Prends garde de dire la vérité ! (Il veut l'entraîner, elle résiste.)

SCÈNE VI.

LES MÊMES, ESCALANTE.

ESCALANTE, masqué.

Arrêtez !

ANGELO, surpris.

Qui êtes-vous?

ESCALANTE, se démasquant.

Escalante, le lieutenant de Lupo et le premier de sa bande après lui.

ANGELO.

Lupo renonce à vous commander, et vous n'ignorez pas que je le remplace.

ESCALANTE.

Je n'étais pas là quand mes compagnons vous

ont élu. Ils m'ont dit que ce soir, à minuit, on se réunirait à la madone du Cèdre; j'irai, et si vous me convenez, je verrai.

ANGELO.

C'est bon. Passez votre chemin, nous nous reverrons à minuit.

ESCALANTE.

Passez votre chemin aussi, mais laissez cette femme, qui ne vous suit pas librement.

ANGELO.

Que vous importe?

ESCALANTE.

Elle me plaît. Je la veux pour moi.

ANGELO.

Insolent!

ESCALANTE.

Vous n'êtes pas mon chef encore. Jusqu'à minuit, vous n'êtes rien pour moi.

ANGELO, tirant son poignard.

Alors...

ESCALANTE, le terrassant.

Rendez grâce à Dieu d'avoir affaire à un chrétien, car vous seriez déjà mort, si je voulais.

DELIA.

Mon ami, délivrez-moi. Je vous paierai une rançon princière, si vous me conduisez hors d'ici saine et sauve.

ESCALANTE.

Venez! (A Angelo, qui se relève.) Et vous, ne bougez pas, car j'ai là des compagnons pour vous mettre à la raison, et Lupo n'est pas si loin que vous pensez.

ANGELO à Delia.

Tu veux suivre ce manant, abjecte créature?

DELIA.

Je veux rejoindre Lupo.

ANGELO.

Soit, mais il ne t'aura pas vivante! (Il la poignarde.)

DELIA, tombant dans les bras d'Escalante.

Tu m'as tuée!... Sois maudit!

ESCALANTE, la regardant.

Morte? c'est dommage! (Il la soutient d'un bras, et, de l'autre main, porte un sifflet à ses lèvres et donne un signal.)

ANGELO.

Tu appelles tes compagnons; tu mourras avant qu'ils soient là.

ESCALANTE.

Non, je les éloigne. Je suis content de toi. Ce que tu viens de faire est d'un homme digne de nous commander,— plus digne que Lupo, qui ne nous permettait pas de tuer les femmes! A ce soir. Tu seras élu! (Il sort.)

SCÈNE VII.

ANGELO, seul.

Ces hommes vont m'admirer parce que je suis pire que Lupo! Cette pensée me donne froid!... Je ne sais si c'est un hommage, ou un affront... Où est donc Delia? La nuit est-elle devenue si obscure ou ma vue est-elle voilée de sang? Malheureuse courtisane! je t'aimais, il y a une heure. Je buvais la vie sur ton sein vénal, j'oubliais tout, j'étais ivre... Quel réveil! Est-elle donc?... Oui, froide déjà! Cette plaie est horrible... Son regard fixe m'éblouit et me brûle comme une flamme... Allons, je suis fou! Son œil est terne et reflète comme une vitre brisée le pâle rayon de la lune. Cachons ce cadavre; j'espérais que Lupo souillerait sa main de ce meurtre, en trouvant sa concubine dans mes bras; mais il ne tue pas les femmes, lui! Tous les forfaits que je veux lui faire commettre seront-ils donc fatalement commis par moi? (Il cache le cadavre dans les buissons.) Allons, repose dans les épines, fille de joie! voilà une triste fin pour une si pompeuse existence! C'est pour ton malheur que tu m'as rencontré! Adieu ton bain parfumé et ta couche de satin, que tu regrettais de quitter pour trois jours! A présent tu dormiras dans les aloës acérés, sur les cailloux tranchants.

(Il rit et sanglote.)

SCÈNE VIII
ANGELO, LUPO.

LUPO, à part.

Qui donc se lamente ainsi? L'ermite! est-il insensé? Il faut que je l'éloigne. (Haut.) Ami, allez gémir plus loin! Il me faut cette place.

ANGELO.

Vous prétendez encore commander? La montagne ne vous appartient plus. C'est moi maintenant qui règne sur le désert...

LUPO.

Votre raison est troublée; mais je n'oublie pas que vous m'avez rendu service; je vous prie de vous retirer.

ANGELO.

Tu veux tuer quelqu'un ici?...

LUPO.

Peut-être.

ANGELO.

Tu n'as plus le droit...

LUPO.

J'ai le droit de vider partout mes querelles particulières. J'attends ici un ennemi.

ANGELO.

Je veux t'aider encore.

LUPO.

Je ne veux pas de témoin.

ANGELO.

Je veux être le tien.

LUPO, surpris, s'avançant sur lui d'un air de menace.

Pourquoi?

ANGELO.

Parce que mon sort est lié au tien sur la terre.

Je veux faire tout le mal que tu feras et te suivre au delà de la vie.

LUPO.

Vous parlez sans raison, je ne suis pas un exemple à suivre !

ANGELO.

Mais vous croyez que vous irez au ciel, vous?

LUPO.

Je ne me demande pas où j'irai, je n'en puis rien savoir ; mais c'est assez de vaines paroles; va-t'en.

ANGELO.

Un seul mot, voyons ! Tu pourrais me sauver, peut-être !

LUPO.

Comment?

ANGELO.

Si je te voyais faire le bien, je comprendrais l'arrêt céleste, je rentrerais dans la bonne voie, je retrouverais l'espérance; mais tu restes dans le mal, et tu es béni quand même...

LUPO.

Béni, moi !

ANGELO.

N'as-tu pas vu la madone te présenter le Bambino et l'archange de la tapisserie étendre sur toi son bouclier?

LUPO.

Ami, si tu plaisantes, sache que je ne suis pas en train de rire...

ANGELO.

Je parle sérieusement.

LUPO.

Tu me présentes des symboles? Tu veux subtiliser avec moi? C'est peine perdue, va! Je suis celui qui ne réfléchit pas, qui obéit au vent qui souffle, et qui n'a jamais approfondi le bien et le mal.

ANGELO.

Pourtant, quand tu blasphèmes...

LUPO.

Je ne blasphème pas. Si je dis de mauvaises paroles, cela ne fait pas sécher une herbe sur la terre ni pâlir une étoile au ciel... — Mais je t'ai assez répondu, et tu m'ennuies ; il faut...

ANGELO.

Tu es semblable à la brute. Le raisonnement ne te dit rien, tu es impatient de tremper tes mains dans le sang!

LUPO.

Assez, te dis-je. Tes paroles me fatiguent et me dérangent, il faut que je sois tout à l'heure sans pitié, et tu me rappelles qu'il m'en coûte à présent d'être cruel...

ANGELO.

Il t'en coûte! Tu connais donc ce qui est mal?

LUPO.

Qu'importe? Le meurtre enivre, on le commet dans la fièvre, et, après, il semble qu'on l'ait rêvé.

ANGELO.

J'ai souvent rêvé le mal sans le faire. Dieu vivant! ne suis-je pas le moins coupable?

LUPO.

Je n'en sais rien. Si tu rêvais le mal, c'est que tu l'aimais.

ANGELO.

Me feras-tu croire qu'en le commettant tu le détestes?

LUPO.

Laisse-moi. J'appartiens au tumulte de mes pensées ! Si, comme toi, j'avais vécu dans la science du bien, je ne serais pas tombé dans les ténèbres du doute...

ANGELO.

Et tu erres dans ces ténèbres ? Tu doutes, avoue-le !

LUPO.

Moi ? non, jamais ; c'est de ton doute que je parle.

ANGELO.

Tu crois à la bonté divine ?

LUPO.

C'est assez ! Je te défends de la nier devant moi. Si Dieu est, il est bon...

ANGELO.

Quoi ? même quand l'on torturait ton père, tu n'as pas nié la justice suprême ?

LUPO.

Non, pas même à ce moment-là, qui fut effroyable ! Pourquoi m'en serais-je pris à Dieu, quand le mal venait de moi ?

ANGELO.

Tu n'as pas invoqué le démon? Tu mens...

LUPO.

C'est toi qui mens par la gorge! Le diable est un rêve de ta pensée. On vient; va-t'en, je le veux! pas un mot de plus, ou malheur à toi!

ANGELO, feignant de s'éloigner et se cachant.

Je saurai ce que tu veux faire. La haine rive mes pas aux tiens!

SCÈNE IX.

LUPO, ROLAND, ANGELO caché.

ROLAND, au-devant de qui Lupo a fait quelques pas.

Oui, ils viennent! J'ai aperçu la litière là-bas. Deux hommes d'escorte seulement pour conduire les mulets. A nous deux, ce sera l'affaire d'un moment. Je me suis muni d'un masque; venez!

LUPO.

Non : je suis troublé. Je ne veux pas frapper; j'écraserai d'ici les hommes et les animaux. Aide-moi à faire rouler cette roche. Si elle manque le but, nous fondrons sur la proie.

ROLAND.

Attention, les voilà! Poussez.

LUPO.

Non! c'est trop tôt... A présent! Mon père! c'est pour toi! (Ils poussent le rocher, qui roule avec fracas. On entend des cris.)

ROLAND.

Ils fuient! Courons-leur sus! (Ils descendent rapidement et disparaissent.)

ANGELO.

C'est pour son père! L'amour fait commettre le crime, et Dieu pardonne! Il me pardonnera donc la mort de cette fille! Horreur! J'étais caché près de son cadavre, je l'avais oublié... J'ai senti le froid de sa chair... Je traîne maintenant l'existence comme un rêve! Où suis-je donc? Qu'est-ce que j'entends là? Ah! oui! Lupo! Encore un meurtre! (Il se penche dans l'abîme.) Je ne vois rien, un nuage de sable et de poussière enveloppe tout... Qui vient là?

SCÈNE X.

ANGELO, LIVERANI fuyant.

LIVERANI.

A moi! à l'aide! On me poursuit!... Les brigands!

ANGELO, l'arrêtant.

Le vieillard de Montelupo! Ah! je le hais aussi... (Il le renverse et voit accourir Lupo.) Non, ce crime effroyable, c'est à lui de le commettre. Enfer! je te remercie de cette pensée!

SCÈNE XI.

LUPO, ROLAND, LIVERANI, qu'Angelo tient renversé.

ROLAND

Sus! sus! il a monté jusqu'ici.

LUPO.

La peur donne donc des ailes à la vieillesse! Où est-il?

ANGELO.

Là, renversé, vois, mon manteau étouffe ses cris; frappe-le!

LUPO.

Oui, sa vie m'appartient.

ANGELO, maintenant le manteau sur la figure de Liverani.

Tu hésites, allons donc!

LUPO.

Attends; il ne résiste pas! Tuer l'ennemi à terre!... Messire Galvan, reprenez vos esprits... écoutez... il me faut de l'or, beaucoup d'or pour sauver mon père,... mon père qui est en prison... Répondez! Êtes-vous sourd? Rachetez-vous! Jurez de rendre la liberté à mon père, de la lui rendre à tout prix, et je vous fais grâce!

ROLAND.

Il ne veut pas, il aime mieux son or que sa vie.

LUPO, frappant Liverani de sa dague.

Meurs donc, chien d'avare, puisque ton sang est la rançon de mon père!

ROLAND.

Bien! Bon voyage, messire Galvan! (Angelo se relève.)

LIVERANI, se débattant, écarte le manteau.

Galvan! c'est lui qui m'avait délivré... Hélas! mon fils!... mon fils! ô mon fils!...

LUPO.

Mon père!...

ANGELO.

Il expire.

ROLAND.

Mon maître!...

LUPO.

Vengeance divine, écrase-moi! (Il tombe sur le corps de son père.)

ANGELO.

Cette fois il est perdu, j'espère! O Satan, prends-le! sois plus fort que Dieu même.

SATAN, ailé et flamboyant, sortant de terre entre lui et Lupo.

Suivez-moi tous deux dans la vie et dans la mort, toi qui as accompli le parricide, et toi qui l'as fait commettre ; vous m'appartenez sans rémission. De tels forfaits sont le triomphe de l'enfer et la limite de la protection d'en haut.

LIVERANI, se ranimant.

Tu mens, ennemi de Dieu! La pitié céleste est sans bornes, et les larmes du cœur lavent les plus grands crimes. Ne désespère pas, mon fils; tu peux te racheter par la douleur, fléchir Dieu par l'amour, le glorifier par la confiance,...

LUPO.

Mon père! mon père bien-aimé! j'ai mérité les éternels supplices, ils ne sont rien pour moi au prix de ce que je souffre en vous voyant mourir de ma main. Dieu bon, Dieu juste, que je n'ai jamais su prier, fais qu'au séjour des justes mon père oublie que je suis né! Fais qu'il soit heureux, et je ne te reprocherai pas mon châtiment. Et toi, Satan, que j'ai servi sans m'en rendre compte, fais de moi ce que tu voudras. Je te défie de me faire autant de mal que m'en fait ce cœur d'airain en se brisant dans ma poitrine.

SATAN.

Viens, ton père n'est plus, et il est sauvé. Tu as encore du temps à vivre. Je te verserai, dans les combats et les plaisirs, le breuvage de l'oubli

LUPO.

Mon père!... (Il le baise au front.) plutôt que de t'oublier un jour, une heure, je m'élance dans l'abîme où il n'y aura plus pour moi qu'expiation et désespoir. (Il veut se percer de sa dague.)

LE PETIT BERGER, paraissant et l'arrêtant.

Jette cette épée, prends ton père et suis-moi sous le chaume avec lui.

LUPO.

Lui rendrai-je la vie et le bonheur ?

LE BERGER.

Rien n'est impossible à l'amour. (Lupo et Roland emportent Liverani. — Ils sortent.)

SCÈNE XII.

ANGELO, SATAN.

ANGELO.

Je reconnais cet Enfant, un rayon divin resplendit sur son front... C'est un ange ou le Sauveur en personne !... Et toi, maudit, tu ne saurais lutter contre lui ! arrière ! je ne te crains plus. Je me repentirai, je retournerai au désert, et je m'imposerai de telles pénitences, je m'infligerai de tels supplices que je ferai mon enfer moi-même en ce monde pour me racheter dans l'autre.

(Il s'enfuit.)

SATAN, riant.

Retourne à l'ermitage; tu y trouveras le spectre sanglant de la courtisane, et tes remords auront tous la figure de la peur. J'irai encore te rendre visite. C'est au désert que je règne sur celui qui n'aime que lui-même. Va, invente des supplices pour ton corps, et persiste à croire que le sang est plus agréable à Dieu que les larmes. Je t'aiderai à dessécher ton cœur et à développer par de fécondes imaginations le précieux germe de férocité qui fait les savants exorcistes et les inquisiteurs canonisés. Ceci est *l'amen* du diable, messeigneurs les hommes!

LE TOAST

En 1634 ou 1635, le gouverneur de Berg-op-Zoom, qui s'appelait, je crois, Sneyders (si je fais quelque faute contre l'histoire, je vous prie de la corriger), Sneyders (nous le nommerons ainsi jusqu'à ce qu'il vous plaise de rectifier ou de constater le fait), Sneyders, vous dis-je, venait d'épouser la belle Juana y Mécilla y.... (je vous fais grâce de ses autres noms, elle n'en comptait pas moins de quatorze, fort inutiles à rapporter, comme vous allez voir, pour l'intelligence de cette historiette.)

Doña Juana, née sous le beau ciel de l'Espagne, avait suivi sa famille en Flandre, dont les Espagnols étaient maîtres alors, comme bien vous savez. La Hollande, pays frontière, pays de mêmes mœurs et de mêmes climats, vivait tant bien que mal avec ses voisins les Flamands, et l'on voyait souvent les riches familles originaires des Pays-Bas redorer les écussons poudreux des vieilles noblesses castillanes, en d'autres termes, les bons et lourds négociants de la Dyle et de l'Escaut obtenir la blanche main de ces filles venues des bords de la Guadiana, belles fleurs bientôt flétries sous le ciel froid et brumeux de la Hollande.

Juana, récemment transplantée sur cette terre humide, languissait déjà ; déjà ses beaux yeux noirs perdaient leur éclat velouté, déjà ses joues brillantes se décoloraient et prenaient cette teinte d'ivoire qui est demeurée aux figures de Miéris et de van der Werf. Le temps a-t-il produit la décomposition de la couleur dans les productions de ces maîtres? ou bien, trouvant plus de noblesse et de poésie dans le coloris de ces pâles étrangères que chez leurs vermeilles compatriotes, cherchèrent-ils à en reproduire les types? c'est ce que je vous laisse à commenter.

Malgré tout, Juana n'était que plus touchante avec son air mélancolique et souffrant. Le costume élégant et riche de sa nouvelle patrie faisait admirablement ressortir la souplesse de sa taille andalouse et la grâce méridionale de tous ses mouvements; en un mot, c'était la plus belle personne du Brabant. Le gouverneur Sneyders en tirait une assez bonne part de vanité, et le gouverneur Sneyders n'était pas le seul à s'apercevoir des attraits de sa femme.

Mais Juana, rêveuse et triste, haïssait tous ces bons Hollandais si épais et si prosaïques, elle regrettait son beau soleil, et ses beaux fleuves dont les flots tièdes et harmonieux semblent parler d'amour aux fleurs de leurs rivages. Les neiges et les glaces de ces marais lui serraient le cœur, le froid la gagnait jusqu'au fond de l'âme. Joignez à l'influence du climat la société d'un mari fort riche, fort sensé, fort entendu en ce qui touchait ses affaires et son gouvernement, mais fort ennuyeux, il faut bien le dire, et vous comprendrez que la belle et tendre Juana pouvait bien avoir le mal du pays.

Cependant il y avait, dans l'opulente maison du gouverneur, un joli page qu'on appelait Ramire et qui avait vu le jour, comme Juana, sous le ciel de l'Espagne. Le page avait seize ans comme Juana, il était pâle comme Juana, il avait des yeux noirs et un regard triste et passionné comme Juana; il chantait avec une voix douce et voilée qui allait au cœur, il étendait la guitare sur son genou avec une grâce vraiment andalouse, et Juana, en écoutant ces vieilles romances espagnoles, si naïves et si poétiques, sentait parfois venir des larmes dans ses paupières de soie, car il chantait vraiment bien, le joli page; il parlait avec amour de la patrie absente; il avait déjà quelque chose de romanesque et de fier dans le caractère, et il était d'une noble et antique maison, ce qui, dans ce temps-là, ne gâtait rien.

Mais le gouverneur, qui se montrait, en sa qualité de gouverneur d'un pays frontière, plus méfiant et plus observateur qu'il ne convenait à un bon Hollandais, le gouverneur, dis-je, surveillait si bien sa femme, la tendre et belle catholique avait été élevée dans de si chastes principes, l'amour est si timide et si craintif à seize ans, enfin le climat de la Flandre refroidissait tellement l'audace de ces deux imaginations espagnoles, que M. van Sneyders n'avait aucune bonne raison à donner de sa jalousie, ce dont il était contrarié parfois autant que flatté; car il y a certaines liaisons pures, discrètes, mystérieuses, qui font plus de tort au repos d'un mari que de franches et loyales infidélités. Celle-là était pour le bon Sneyders une source de ruses inutiles et de précautions sans effet. Il ne pouvait pas empêcher l'échange d'un triste et long regard, le contact de deux mains qui s'effleuraient à l'occasion d'un gant ramassé, ou d'une coupe remplie, ou d'un message ordonné; il ne pouvait s'offenser de l'empressement avec lequel Ramire plaçait un coussin d'Utrecht sous les petits pieds de madame la gouvernante, ni des caresses qu'il donnait à son chien favori, ni du soin respectueux avec lequel il l'aidait à monter sur son beau genet d'Espagne. Le pauvre Sneyders avait beau assurer que la guitare avait un son aigre et faux, que la langue espagnole était un patois barbare, et que chanter des romances n'était point le fait d'un homme ; il n'avait aucune raison valable à donner à sa femme pour lui interdire les chansons du page en son absence. Sneyders, voyant que le mal était sans remède, imagina ce qu'il eût dû imaginer tout de suite, qu'il fallait éloigner Ramire. Le hasard, ou plutôt les événements politiques, lui fournirent le moyen de concilier cette mesure de prudence avec un certain désir de vengeance bien légitime, que le vertueux et désespérant amour du page lui avait inspiré.

Richelieu s'était imaginé de mettre la Hollande en guerre avec l'Espagne, et, à cet effet, il venait de faire un traité d'alliance avec l'Angleterre pour entrer dans les Pays-Bas à main armée. Son projet réussit plus tard, et la division de la Hollande et de la Flandre s'opéra en 1648; mais, jusque-là, il fut fort difficile de soulever les Flamands contre l'Espagne. Le joug de l'Inquisition s'était singulièrement adouci depuis les leçons données au duc d'Albe, et cette population commerçante se méfiait avec raison des suites d'une guerre pour ses intérêts, quel que dût en être le résultat pour sa gloire.

Le gouverneur de Berg-op-Zoom fut à peine initié aux mystères du cabinet de Richelieu, qu'il se crut habile autant que rusé. Il entra comme ses confrères dans les intrigues et entama une négociation secrète avec son parent, le gouverneur d'Anvers (Anvers, citadelle espagnole depuis le fameux siége de 1585), pour le prévenir du coup qui se préparait au dehors. Le but des provinces hollandaises était de séduire les Pays-Bas espagnols et de les porter à la révolte, afin d'éviter les lenteurs du blocus et les chances de la guerre civile, si fatales au commerce des deux nations.

Il se trouva que le gouverneur d'Anvers, vieillard d'une politique hargneuse et susceptible, avait eu dans sa jeunesse d'âcres différends avec le père de Ramire ; il avait gardé à cette famille une rancune profonde et semblait ne négliger aucun moyen de la maintenir dans l'état de pauvreté où elle était alors réduite. Van Sneyders s'imagina lui faire un très-grand plaisir en lui dépêchant le jeune Ramire comme porteur de son message politique, et il eut soin d'ajouter en post-scriptum que si le gouverneur d'Anvers jugeait à propos de s'assurer du jeune Espagnol comme d'un otage contre l'Inquisition, il était fort disposé, lui son maître, à ne point le réclamer au nom de la Hollande, l'intervention assurée de la France mettant à couvert toute vengeance particulière des Flamands contre leurs despotes.

Le pauvre enfant partit donc pour la citadelle d'Anvers, chargé d'une lettre de recommandation qui devait le conduire à la prison ou à la potence, suivant l'humeur ou les intérêts du gouverneur.

Depuis plusieurs jours, il avait quitté Berg-op-Zoom pour remonter ce grand bras de l'Escaut qui descend à Anvers; M. Sneyders, n'entendant plus parler de lui, et espérant bien n'en plus entendre parler jamais, se sentait dans une disposition beaucoup plus accorte et bienveillante que de coutume. Il soupa de fort bon appétit, remarqua plusieurs fois que son gros joufflu de page brabançon faisait le service beaucoup plus dextrement que l'Espagnol orgueilleux et distrait, vanta avec amour la bière et les brouillards de sa patrie, maltraita le chien de Juana, qui ne voulait rien accepter de la main du nouveau page; en un mot, il ne perdit aucune occasion d'être agréable et bon mari, en disant force mal de l'Espagne, des femmes, des romances, des petits chiens et des pages qui jouent de la guitare.

Quand le repas fut fini, Juana passa dans le salon, et s'assit mélancolique et silencieuse sur son grand fauteuil; elle tourna le dos à la fenêtre, pour ne pas voir le ciel que son époux venait de vanter et qui, cependant, ne manquait pas de beauté en cet instant où le soleil se couchait dans les brumes violettes de l'horizon ; elle plaça elle-même sous ses pieds ce coussin que Ramire avait touché tant de fois avec amour, et, renfermant un soupir, elle écouta d'un air distrait les lourdes fadeurs de son époux.

— Vive Dieu! Madame, s'écria M. le gouverneur de Berg-op-Zoom en voyant que la conversation languissait, il faut que je boive à votre santé un gobelet ou deux de bon vin vieux des Canaries. — Eyck ! apportez ici le plus beau de mes flacons et deux verres à tige élancée !

— Bien, mon fils ; place cette petite table auprès de madame la gouvernante de Berg-op-Zoom ; et maintenant, c'est bien, Eyck ; vous êtes un bon serviteur, mon mignon, et vous aurez un beau pourpoint de soie jaune garni de rubans rouges, avec des chausses à dentelles de Malines, si je suis toujours content de vous. Je veux que vous ayez meilleure mine que ce fainéant d'Espagnol, dont nous sommes délivrés pour longtemps, Dieu merci!

En parlant ainsi, Sneyders remplit son verre jusqu'au bord et celui de doña Juana à demi; mais elle le laissa sur la table et ne daigna point y mouiller ses lèvres pâles.

— Eh bien, Madame la gouvernante, dit-il, ne voulez-vous point me faire raison? Refuserez-vous de boire avec moi à la santé de notre digne parent et collègue le gouverneur d'Anvers? ce bon et fidèle protestant qui a jadis, dans nos vieilles guerres de Flandre, occis tant de papistes et d'idolâtres! ce rude et austère magistrat qui rend si bien la justice sans assemblées délibératives et vous fait pendre le premier venu au-dessus des fossés de sa ville, sans qu'il y ait seulement un bourgeois qui en demande la raison, tant sont grands le crédit du gouverneur et la confiance qu'il inspire!

La pauvre Juana, muette de désespoir, écoutait d'un air morne cette gracieuse invitation; elle n'ignorait pas les intentions de son mari, et l'accueil qui attendait le page à Anvers. Mais elle trouva dans sa fierté de femme et d'Andalouse le courage de supporter cette affreuse idée, et de dérober à son mari le plaisir de contempler sa douleur; elle se tourna vers Sneyders, qui s'était appuyé sur le dossier de son fauteuil d'un air à la fois niais et méchant et, saisissant son verre d'une main plus assurée :

— Si la confiance des Anversois dans leur gouverneur est si aveugle, dit-elle, c'est qu'apparemment ils le savent incapable d'une action lâche et d'un crime inutile.

En parlant ainsi, elle souleva son verre, et, comme elle l'approchait de celui de son mari, le son d'une guitare, accompagnée d'une voix triste et voilée, chanta en espagnol, sous la fenêtre, le refrain d'une des romances bien-aimées de Juana; cette voix ne pouvait être méconnue un instant des deux personnes qui l'entendirent. Une expression de stupeur et de dépit se peignit sur la face rouge du gouverneur; les yeux de Juana lancèrent un éclair de joie et de triomphe; l'éclat de la santé reparut sur ses joues, et, frappant de son verre le verre de son mari :

— Je bois, lui dit-elle, à la santé de notre parent et ami, le brave gouverneur d'Anvers!

On chercha Ramire; on ne le retrouva pas. Après avoir rassuré sa maîtresse sur son sort, il s'était enfui du château, et il avait sagement agi, car le gouverneur de Berg-op-Zoom n'eût pas confié, cette fois, à autrui, le soin de sa vengeance. Le page prit du service sous les ordres de Gaston d'Orléans qui vint combattre pour l'Espagne contre le roi de France son frère. On assure que lorsque la paix générale fut conclue, en 1648, Ramire, parvenu à un rang important dans l'armée, rendit de grands services au vieux gouverneur d'Anvers, qui par politique ou par loyauté, avait refusé de seconder les desseins de Sneyders; ce qu'il y a de certain, c'est que Sneyders avait péri durant la guerre, et que le page était guéri de son amour pour la belle Juana, après douze années de guerre et d'ambition. Cependant, je ne saurais assurer qu'en la retrouvant à la cour de l'Empereur, comme elle pouvait être encore jeune, belle et riche, ce qui n'a été un défaut dans aucun temps, que je sache, il n'ait pas senti sa passion se rallumer; l'histoire n'en dit rien, et il ne tient qu'à vous de terminer celle-ci par un mariage, si ce dénoûment vous plaît.

GARNIER

Il y a peu de traits dans l'histoire des peuples et dans les révolutions des empires qui puissent servir de matière à plus d'observations philosophiques et psychologiques, que la manière dont mon ami Garnier devint l'amant de sa maîtresse.

Mon ami Garnier est un homme probe et doux, de mœurs pures, modéré en politique, plein d'idées neuves et de respect pour les convenances. C'est un garçon si rangé, qu'on ne l'entend jamais parler de ses dettes; point fanfaron, point querelleur, incapable de battre son domestique s'il en avait un, conservant d'ailleurs un juste orgueil, principalement ses jours de barbe. Son extrême propreté et la douceur de ses manières ont toujours suffi, dans le petit cercle où il vit, pour lui faire pardonner certain penchant pour l'école satanique. Je ne pense cependant pas qu'il se soit jamais cru absolument lord Byron; mais il s'en faut de si peu que ce n'est pas la peine d'en parler, et la chose est d'ailleurs si simple et commune à tant de gens, que je ne vois pas trop pourquoi il aurait eu la modestie de s'en priver.

Non-seulement il est très-facile aujourd'hui d'être lord Byron, mais il est encore très-difficile de ne pas l'être. Je ne parle pas des littérateurs; s'en abstenir leur est entièrement impossible. La raison en est aisée à concevoir, puisqu'on ne saurait faire un livre sans que les journaux en parlent, et que les journaux ne sauraient en parler sans mentionner Byron. Le nom de Byron se trouve dans tous les articles littéraires imprimés depuis 1826. Mais, pour ne parler que de la vie privée, cette sorte de personnage indispensable dans les coteries se propage de jour en jour dans tous les rangs de la société. Le dandysme a com-

mencé, il est vrai, en Angleterre par exiger que
pour remplir ce rôle on boitât d'une manière assez
marquée; mais on a aujourd'hui des idées plus
tolérantes à cet égard, il suffit qu'on s'en recon-
naisse la vocation; et dans le cas où elle serait
faible, un valet de chambre bien appris doit, en
vous donnant vos gants et votre canne, ajouter
avec respect: « Et que Monsieur ait la bonté de
se rappeler qu'il imite Byron. »

Garnier, selon ses facultés, avait fait à tout cela
quelques petites modifications. La tranquillité de
ses occupations et l'éloignement de son quartier
ne lui permettaient pas de mépriser les hommes.
J'ai dit, d'autre part, qu'il avait peu de dettes;
il ne faisait point de vers et détestait les ours et
les pintades. En outre, chose importante, il n'avait
pas de maîtresse, point de gastrite et possédait
un seul habit. En un mot, il n'avait de notable-
ment commun avec le noble lord que les bras et les
jambes, encore ne puis-je parler que d'une seule,
Garnier étant d'une construction ordinaire et très-
ferme sur ses deux larges pieds.

Quoi qu'il en soit, le sort avait réservé à cette douce et bonne créature un des coups les plus frappants. Deux incidents d'une faible importance déterminèrent l'épisode le plus critique de sa vie. Ceux qui liront cette histoire verront qu'il était né pour justifier deux proverbes opposés l'un à l'autre, et ils ne s'en étonneront pas, puisque tous les proverbes ont leur contraire et que la sagesse des nations s'arrange toujours, quand on la consulte, pour répondre oui et non tout à la fois, comme, par exemple: « Qui ne risque rien n'a rien. — Tout vient à point à qui sait attendre. » Bien supérieure en cela aux oracles anciens, qui ne répondaient jamais ni oui ni non.

Certain jour d'un hiver rigoureux, Garnier, tristement appuyé sur son poêle éteint, réfléchissait aux choses de ce monde. Il regardait sa provision de bûches, ses livres, sa table de nuit, sa chandelle et son habit vert, et il disait, en secouant la tête, que ce n'était pas là le véritable bonheur.

Cette provision, il faut l'avouer, était mesquine, ces livres étaient noirs et enfumés, cette chandelle était mourante, et l'habit vert était attendrissant. Oui, si vous l'aviez vu, étalé sur cette chaise à demi rompue, avec ces plis misérables et cet air de bonhomie, lui, l'habit de fête, l'étendard du dimanche! les parements vous eussent navré, le collet vous eût tiré des larmes des yeux.

Ce n'est pas que Garnier n'eût l'âme bien placée : il ne s'aveuglait sur quoi que ce soit et n'accordait pas à un tailleur plus de respect qu'il ne devait. Mais, s'il est vrai que tout homme ait ses mauvais jours, n'est-il pas vrai aussi que la pauvreté n'est pas faite pour les adoucir? La mélancolie, qui se glisse dans les palais sous la forme d'un melon mal digéré ou d'un roman nouveau, est, dit-on, tout aussi réelle que celle qui habite le toit d'un pauvre diable sous la forme d'un mémoire de blanchisseuse ou d'un bouton de moins à un unique habit. Cela n'est ni juste ni charitable. Pour les riches, la tristesse n'est que la sœur de l'ennui; elle entre parfois par les balcons entr'ouverts, pour traverser, comme un fil de la bonne Vierge, les longues galeries; elle s'accroche un instant aux lambris sculptés et aux angles des cadres gothiques. Puis l'aboiement d'un chien, le parfum d'une tasse de thé la chassent et la dissipent dans les airs. Mais elle étend dans les mansardes, de la porte à la fenêtre, sa longue toile d'araignée; de faibles rayons de soleil glissent à peine et se font jour entre ces réseaux épais; un insecte y danse çà et là au milieu d'un flot de poussière, tandis que le monstre aux pattes velues s'y accroche et s'y suspend dans tous les sens.

Garnier ouvrit sa fenêtre. Hélas! quel beau froid il faisait! comme s'il y avait de beaux froids quand on compte ses bûches! le soleil était sans nuages, la terre sèche et nette comme une assiette d'étain. Les voitures allaient et venaient. Et lui aussi il aimait la vie! et lui aussi il était abonné à un cabinet de lecture, et il était plein de désirs, plein de séve et de fermentation, comme un drame moderne!

Et lui aussi il voyait passer dans ses rêves des légions de frêles jeunes filles, des armées d'êtres angéliques et des Andalouses échevelées, tout comme un autre! lui aussi il comprenait profondément le moyen âge, et lui aussi il était l'homme de son temps, l'expression du siècle, comme une préface nouvelle! et lui aussi il était allé aux Italiens la veille; il y avait vu un ange de lumière en robe orange.

Voilà ce qui navrait Garnier. Oh! si à cette heure d'angoisse il avait eu une voiture de remise, il serait allé au bois de Boulogne, et il aurait cherché dans la foule bigarrée et étincelante, dans la grande foule aux mille têtes, la robe orange de sa beauté. Oh! s'il avait eu un coursier espagnol, à la fauve crinière, longue et effilée comme de la soie, au pied sonore, à l'œil sanglant; s'il avait eu un traîneau russe, avec ses grelots d'argent et ses mules bondissantes sous les panaches empourprés! une gondole vénitienne avec son falot sur sa tête de cygne et ses deux rames bleues comme deux ailes palpitantes! oh! s'il avait eu un dromadaire égyptien, un renne lapon, un éléphant siamois! oh! s'il avait eu cent écus!

Damnation! tous les jours le même dîner, le même poêle, le même habit vert! La vie est-elle donc si douce? le suicide n'est-il pas un des besoins du siècle, une des conséquences de la littérature?

Garnier regardait de travers un pistolet accroché à son mur, un pauvre pistolet sans pierre, incapable de nuire à personne.

« Sombre et fidèle ami, s'écria le jeune homme, que renfermes-tu dans tes entrailles de fer? Quel secret mystérieux de doute et de terreur diras-tu à l'oreille de l'homme assez osé pour te poser sur sa tempe amaigrie? Quelle vérité terrible jaillira dans l'éclair de ta vieille batterie noircie par la fumée?

— Hélas! semblait répondre modestement le pauvre pistolet sans fiel, je n'ai plus de ressort, et toi-même tu n'as pas de poudre. Une détonation funeste, si tu me tournais contre toi, annoncerait l'instant de ma propre mort et non de la tienne; les éclats que tu recevrais dans le nez et dans les yeux seraient les seules marques que je pourrais te laisser de mes longs et cruels services.

N'est-ce pas quelque chose de hideux que l'influence d'un quantième? Quand je pense que le premier du mois Garnier voltigeait sur les prairies émaillées, semblabe à une bergeronnette des champs! Les rosettes de ses escarpins étaient humides de rosée, de douces larmes erraient dans ses yeux. « Et qui donc lui donnait le bras? — Que vous importe? — Eh bien! oui, c'était une lingère. » O solitude de Meudon! ô jouissance du pauvre! celui qui ne vous connaît pas n'a jamais ni ri ni pleuré.

Garnier prit donc son violon et commença à se frotter les mains; il joua *Di tanti palpiti.* Un orgue qui passait dans la rue fit entendre aussitôt le chœur des montagnards de *la Dame blanche;* une grisette se mit à sa fenêtre; le son du cor de chasse partit de l'entresol d'un marchand de vin et fit pousser à un petit chien les plus affreux gémissements. Garnier se sentit inondé du sentiment de l'harmonie, et un déluge de pleurs s'apprêtait à le soulager, lorsqu'on tira le cordon de la sonnette.

Un domestique en livrée parut à la porte. Garnier le reconnut, c'était celui du jeune Trois-Étoiles, son ami d'enfance et son camarade de collége. Souvent l'équipage bruyant de l'homme de plaisir s'était arrêté à la porte du modeste étudiant; souvent Garnier, rasant les boutiques sur la pointe du pied, comme une hirondelle en temps de pluie, s'était rendu à l'hôtel splendide du père de Trois-Étoiles, après avoir, du bout de ses gants beurre frais, soulevé légèrement le marteau nouvellement verni; ses bas de soie mouchetés de crotte s'étaient enfoncés avec onction dans la laine moelleuse des tapis. Souvent inondé de vin, Garnier avait passé de bonnes heures au bruit des verres et des assiettes, et parfois, au dessert, les coudes sur la table, il avait décoché l'anec-

dote concise dont le trait, tant soit peu satanique,
déridait le noble foyer. — Jamais la figure osseuse
et abasourdie du laquais qui venait de sonner ne
s'était présentée devant lui dans un moment plus
opportun; une lettre fut bientôt ouverte. Voici
ce qu'elle contenait :

« Mon cher ami, prêt à partir pour, etc., où
je reste trois semaines, j'ai à te dire que, etc.

» *Signé :* Trois-Étoiles.

» *Post-scriptum.* Fais-moi le plaisir de m'envoyer
» deux douzaines de crayons et de monter mes
» chevaux le plus souvent que tu pourras; tu
» sais qu'ils sont à toi et que cela m'oblige.
» Adieu, au revoir, Garnier. »

Que pensez-vous que fit Garnier? qu'il se montra joyeux, qu'il courut à son habit vert? Il ne se
montra point joyeux; il courut à son habit vert,
c'est vrai, je n'en disconviens pas, mais il fronça
les sourcils ; ses mains allèrent naturellement

s'enfoncer dans ses poches, comme pour en braver la profondeur. Son menton disparut dans sa cravate, sa clef dans son gousset, et au moment où il tira sa porte, en disant à François de le suivre, l'ariette la plus folle s'élança de ses lèvres entr'ouvertes.

Je vous prie de remarquer que je ne plaisante point, et que cette histoire n'est point un conte. Garnier demeure rue Poirée; sa famille est de Lons-le-Saunier.

Dès que Garnier fut chez Trois-Étoiles, il monta à cheval. Dès qu'il fut à cheval, il fut au bois ; dès qu'il fut au bois, il chercha de côté et d'autre la beauté qu'il avait vue aux Bouffes.

Elle passa aussitôt près de lui, très-lentement et en voiture découverte. Il la regarda à plusieurs reprises ; mais il ne la reconnut pas, attendu qu'elle avait oublié de mettre sa robe orange, et qu'elle était en douillette bleue. Quant à elle, elle ne le reconnut pas non plus, quoiqu'il eût toujours son habit vert, attendu que la veille elle n'avait fait aucune attention à lui.

Garnier, depuis trois heures jusqu'à cinq, ne cessa de s'évertuer de la manière la plus affreuse pour découvrir une robe orange. Une légère averse commençait à tomber, les équipages se pressaient en grand nombre à la porte Maillot; les voiles se baissaient, les capotes des voitures se relevaient, les cavaliers anglais ouvraient leurs parapluies, tandis que les français faisaient siffler leurs cravaches contre le vent lourd et humide qui déteignait leurs moustaches frisées. Au moment où Garnier, perdu dans cette foule, venait de piquer des deux vers la rue Poirée, une robe du plus bel orange passa devant lui comme un éclair. Garnier s'arrêta court, c'est-à-dire voulut s'arrêter court ; mais son cheval étant d'un autre avis, il y eut entre eux une petite contestation. Le cheval, habitué à une main ferme, donnait de si bonnes raisons pour continuer sa route, que Garnier faillit s'y rendre en tombant à la renverse. Il ne s'entêta pas, et, élevant les guides, il partit comme un trait sur les traces de la robe orange. Il fut bientôt à côté de la

14.

voiture, et de la porte Maillot à la rue de Rivoli, ce ne furent qu'œillades meurtrières et soupirs à la dérobée.

Garnier était bien fait de sa personne, petit et joufflu. Une immense forêt de cheveux noirs, dont le désordre annonçait un homme supérieur, lui avait, en dépit de ses prétentions byroniennes, mérité le surnom de Werther crépu. Tant que le cheval de Trois-Étoiles pensait à ses affaires en marchant, Garnier se laissait aller avec assez d'aisance. Son unique habit, par la grande habitude qu'ils avaient de vivre ensemble, avait fini par s'accommoder à sa taille ; d'autre part, la pluie augmentait le mérite de sa démarche.

La dame orange, de son côté, était sèche et délibérée ; elle avait de la bouche jusqu'aux oreilles, et du front jusqu'à l'occiput ; bien faite d'ailleurs, d'une grande et belle taille ; une de ces beautés parisiennes qui ont leur éclat au bal, et dont quelqu'un a dit qu'elles devraient aller au Tuileries avec un bougeoir à la main.

Garnier lui revint à la tête au moment où, en rentrant chez elle, sa femme de chambre lui apporta ses pantoufles; elle y pensa jusqu'à six heures un quart, heure, où elle fut dîner en ville.

En sorte que huit jours consécutifs se passèrent de la manière suivante : à quatre heures du soir Garnier montait à cheval, allait au bois, apercevait la dame orange, tâchait de prendre le petit galop et escortait la calèche. La dame regardait Garnier depuis la porte Maillot jusqu'à la rue de Rivoli, et pensait à lui en mettant ses pantoufles, jusqu'à six heures un quart, heure où elle allait dîner en ville ou chez elle.

Le neuvième jour il fit une pluie battante. Voilà où j'attendais Garnier. Plus de cheval, plus de dame orange; un frisson mortel le parcourut : c'était la lune rousse qui commençait.

Le poêle, à demi mort de froid, supporta de nouveau le front rêveur de Garnier. L'habit vert reprit sa pose mélancolique sur la chaise rompue, et le pistolet inoffensif fut regardé de travers chaque matin et chaque soir.

Il fallait en finir. Garnier prit une plume et écrivit :

« Madame, depuis longtemps que je vous suis
» partout, peut-être ne m'avez-vous pas fait
» l'honneur.... »

Au fait, je suis bien bon de vous dire ce qu'il écrivit ; il écrivit ce que tout le monde écrit, ce qu'Adam écrivait à Ève, ce que vous avez écrit hier, et ce que vous écrirez demain.

La dame orange fut émue ; elle demanda l'adresse de Garnier, et lui défendit, dans sa réponse, de songer à elle plus longtemps. Garnier, rempli du désespoir le plus affreux, passa le reste de la journée sous ses fenêtres. A la nuit tombante, il causa une demi-heure avec le concierge, faute d'argent, avec la plus grande politesse. La femme de chambre lui entr'ouvrit la porte, et, marchant sur la patte du petit chien, il se précipita aux pieds de la belle Amélie.

Garnier, comme on l'a dit, comprenait la passion échevelée, l'amour dramatique et quantité d'autres belles choses qui sont dans nos habitudes.

La dame le fit mettre à la porte après s'être laissé baiser la main.

Le lendemain, contre toute attente, il fit un beau soleil; Garnier, enivré de langueur, envoya chez la dame orange; il lui demandait un rendez-vous, qui lui fut accordé. A quatre heures, il monta à cheval; le rendez-vous était pour neuf heures. La dame orange parut au bois. Ses yeux étaient à demi fermés pour indiquer la fatigue d'une nuit de remords; elle s'était penchée beaucoup plus que de coutume dans le fond de sa voiture, et le peu de rouge qu'elle avait marquait la crainte et l'espérance.

Il arriva qu'un groupe de jeunes gens qui, la veille au soir, s'étaient jeté la dame orange à la tête, dans un cotillon de deux heures et demie, s'arrêta autour de sa voiture. Elle avait dansé comme un ange; sa parure était la plus délicieuse du monde, et Garnier, soufflant dans ses doigts, sentit qu'il fallait payer de sa personne.

J'ai dit plus haut que deux événements, frivoles en apparence et entièrement dus au hasard, décidèrent du sort de Garnier. En ce moment, il était parvenu au plus haut degré du bonheur, son étoile était à son zénith ; celle de la dame orange s'en approchait en scintillant comme une tremblante planète. Son idéal descendait sur la terre ; et comme le Théodore de Lope de Véga, il était prêt à tendre les bras au ciel en s'écriant : « Fortune, mets un clou d'or à l'essieu de ta roue ! car ici tu dois t'arrêter ! »

Il s'élança vers la dame orange, voulant se mêler au groupe qui la félicitait. Malheureusement, pour s'élancer, il enfonça imprudemment ses deux éperons dans le ventre du cheval de Trois-Étoiles, qui pensait à ses affaires. Il y eut encore une petite contestation ; mais cette fois les raisons du cheval furent si bonnes et si frappantes, que Garnier, convaincu, tomba la tête la première sans se faire le moindre mal.

J'ai annoncé que cette histoire est vraie ; j'ai dit la demeure de Garnier ; la vérité m'oblige à ajouter que la calèche continue sa marche, et que le soir, lorsque Garnier, dans le dernier excès de la joie, se rendit à l'hôtel de la dame orange, il trouva la porte fermée.

La dame s'était-elle moquée du pauvre garçon, ou sa chute malencontreuse l'avait-elle dégoûtée de lui? Rien, il est vrai, n'avait motivé cet accident; mais si elle eût connu Garnier, elle aurait su que bien rarement les innombrables accidents qui lui arrivaient étaient motivés. Le hasard, ce dieu des audacieux, semblait faire jouer sans cesse autour de lui, comme autant de farfadets remplis de malice, les déboires les plus ironiques. Qu'on me permette d'en citer un exemple. Un jour, Garnier, voulant écrire une lettre, laissa tomber sa plume et marcha dessus. Il en prit une neuve, et se coupa au doigt en la taillant. Il ouvrit un tiroir pour prendre du taffetas d'Angleterre ; le tiroir résista, puis, cédant tout à coup avec violence, il renversa toute son encre rouge sur sa provision de papier blanc. L'encre gagnait de plus en plus, et, se divisant en mille canaux, dessinait des arabesques qui menaçaient de s'étendre jusqu'à son pantalon neuf. Cependant

Garnier, sa plume entre les dents, n'osait porter sur rien ses doigts ensanglantés; il donna un grand coup de coude dans le tiroir, et dans la douleur que lui causa la clef qu'il avait heurtée, il fit aussitôt un soubresaut en arrière. Sa chaise manqua des quatre pieds; ce fut alors que son paravent, placé derrière lui, perdit équilibre, et, s'abattant avec une majestueuse lenteur, couvrit de ses ailes déployées la table, la chaise, la chandelle et Garnier.

Ceci paraîtra peut-être puéril au lecteur; c'étaient là cependant les plus grands malheurs de Garnier; mais comme sa vie en était tissue, ses désagréments les plus légers, se succédant ainsi sans relâche, finissaient, comme autant de gouttes d'eau, par composer un torrent implacable sous lequel Garnier se débattait en vain dans le plus affreux désespoir.

Dépérissant de honte et de rage, il ne pouvait concevoir comment une chute de cheval dans une allée sablée pouvait suffire pour lui faire perdre un cœur de femme. Il jura de ne plus aller au bois, de ne plus revoir Amélie, et sa bulle de savon, crevée par une épingle, lui remplit la cervelle de gaz méphitique en s'évaporant dans les airs. « Je ne m'étais pourtant pas fait le moindre mal, » se disait-il un matin en regardant dans un miroir sa face rubiconde couverte de larges estafilades de rasoir. Le pauvre diable ne songeait pas que c'était là le mal précisément. S'il s'était seulement enfoncé une côte, tout était sauvé, et les larmes les plus tendres, les baumes les plus fins auraient coulé le soir sur sa blessure. Alors il aurait pu, comme Caton l'Ancien, déchirer l'appareil sanglant et mourir pour celle qu'il aimait. Mais il s'était relevé à l'instant même, et il avait cru bien faire, en recevant avec un sourire la cruelle insulte du destin.

La plus noire mélancolie s'empara de lui : jamais il n'avait été plus complétement Byron. Pour la première fois de sa vie, il était en droit de haïr l'espèce humaine. Il renonça au monde, et écrivit d'une main ferme sur la première feuille d'une belle main de papier blanc le titre d'un roman par lettres avec cette épigraphe :

« Frailty thy name is woman. »

Mais la dame orange avait pour mari le plus singulier des hommes. C'était un gros baril de bière mousseuse. Son nez ne saurait être comparé qu'à la trompette du jugement dernier. Tout ce qu'il faisait, tout ce qu'il disait, ressemblait au bruit d'une charrette. Si l'idée lui était jamais venue de se cacher dans l'appartement de sa femme pour surprendre quelque intrigue, il lui aurait pris à coup sûr, comme dans la chanson italienne, un effroyable éternument. Mais jamais pareille idée ne lui était venue. Entre deux profondes ornières, sa vie s'écoulait doucement, soulevée çà et là par les cahots de son gros rire. Depuis quinze ans de mariage, il s'était pris régulièrement de passion pour tous les adorateurs de sa femme. Il n'avait jamais vu Garnier qu'une fois ou deux; mais cette irrésistible sympathie n'avait pas manqué son effet, et dès qu'il eut organisé pour le printemps ses dîners périodiques à la campagne, il fallut, bon gré, mal gré, que sa nouvelle connaissance en fût.

Me promenant un jour à cette époque dans le jardin de ce brave homme avec mon ami Garnier, je lui faisais remarquer comme le bonheur dépend ici-bas de peu de chose : que se serait-il passé le 27 juillet s'il avait fait une pluie battante? Que serait devenu l'univers, si Brutus, aux ides de mars, eût avalé, comme Anacréon, un raisin de travers? Que feriez-vous vous-même si vous gagniez à la loterie?

Garnier, ne mettant point à la loterie, niait positivement la chose. Il détestait la littérature philosophique et s'était opiniâtré toute sa vie à s'abandonner avec confiance à ce même hasard qui le mystifiait si assidûment. Il leva les yeux au ciel. Hélas! sa brillante étoile avait disparu. La planète de la dame orange brillait solitaire et orgueilleuse dans un éther sans nuages. Un léger coup de vent fit frémir les feuilles, et une molle vapeur, glissant sur les collines lointaines, s'éleva tout à coup de l'horizon. Elle monta silencieusement vers la voie lactée ; puis, s'épaississant de plus en plus, elle s'arrêta, comme incertaine de sa marche. Les rossignols chantaient au bord de la pièce d'eau ; les fleurs s'épanouissaient sous la rosée. Un bruit sourd et éloigné annonça que l'air se chargeait d'électricité ; alors la nue s'abaissa sur la terre et, comme par un ressort magique, étendit deux sombres ailes de l'orient à l'occident. Une faible fissure, semblable à une meurtrière profonde, laissait seule encore apercevoir l'immensité. La planète de la dame orange scintillait pleine d'audace. Comme une flèche lancée par un arc mogol, ses rayons acérés traçaient du ciel à la terre une hyperbole de feu. Mais c'est en vain qu'elle luttait contre l'orage, et la nuée, crevant tout à coup avec un fracas terrible, la dévora et l'anéantit.

La pluie nous avait forcés à rentrer dans le salon, et nous prîmes bientôt place à table. Garnier, ne pouvant guérir son fatal amour, ne manquait pas de faire la plus sotte figure partout où il se montrait. La dame orange, il faut en convenir, le dédaignait complétement. Jamais elle n'avait été plus à la mode.

Ce jour-là surtout, il n'avait jamais été en butte à des railleries plus mordantes, à de plus cruelles agaceries. L'ironie est une figure de rhétorique qui, lorsqu'elle n'est pas trop prodiguée, est du plus grand effet. Ce qui portait la belle Amélie à rire outre mesure, c'est qu'elle avait les dents fort belles. A chaque trait piquant qui sortait de ses lèvres au-dessus du bruit de la vaisselle et du trépignement des laquais, croassait la gaieté bruyante de l'amphitryon. Garnier se montra d'abord très-peu sensible à tout ce qui se passait autour de lui ; tout en se dandinant à trois pieds de la table et en marchant sur sa serviette, il se conformait scrupuleusement à ses habitudes dévorantes : la tête penchée sur son assiette, il ne laissait jamais le maître d'hôtel effleurer en vain, dans sa tournée, sa crinière hérissée; et si, par hasard, il entendait un mot de la conversation, il se contentait de se balancer à droite et à gauche en regardant ses voisins d'un air inquiet.

Au dessert, deux auteurs romantiques et un lieutenant de hussards s'étant pris à déraisonner, le curé du village baissa la tête; il aperçut devant lui un bowl d'eau tiède dont il ignorait complétement l'usage. C'était la première fois qu'il sortait de son presbytère pour dîner au château. Après avoir hésité quelques moments, il prit le parti courageux d'avaler, par politesse, la fade potion. La dame orange s'en aperçut, et, charmée de cette aventure, fixa ses grands yeux sur Garnier, espérant qu'il en ferait autant. Garnier était, de son naturel, la plus distraite créature du monde. On le rencontrait quelquefois sans chapeau, et toutes les fois qu'il se trouvait chargé, dans la rue, d'un paquet assez fort pour l'obliger à prendre un fiacre, il oubliait infailliblement dans la voiture ce qui l'avait forcé d'y monter.

Il n'avala point le bowl, mais il fut sur le point de le faire et s'arrêta au parti de le laisser tomber doucement sur les genoux de sa voisine.

La dame orange n'y put tenir, et pour étouffer un grand éclat de rire, elle mordit précipitamment dans une amande qu'elle prit pour une praline. Je ne sais trop comment la chose arriva, et si l'amande était une noisette; mais le fait est qu'elle se cassa net une dent du milieu. La dent tomba dans son assiette, et le domestique qui se trouvait derrière l'enleva aussitôt. Amélie n'avait pas poussé un cri; elle posa le coude sur la table, et regarda autour d'elle si on s'en était aperçu. Tout le monde l'avait vu distinctement, tous les regards étaient sur elle, et les plus charitables des convives ne manquèrent pas de crier à tue-tête.

Impossible de faire remettre la dent funeste. Déjà elle entendait chuchoter : « Madame une telle a une dent postiche. » Sa beauté était perdue, son règne était passé.

Garnier la dévorait des yeux. Comme il la plaignait sincèrement, lui, que cette fatale beauté avait réduit au désespoir! Comme il serait tombé de cheval huit jours de suite, tous les matins et tous les soirs, devant la ville et la campagne, pour rattacher à cette bouche adorée la perle qui en était tombée ! comme il souffrait pour elle ! comme de grosses larmes roulaient dans ses yeux ! comme il la suivit tristement lorsque, prenant son châle et son chapeau, elle se fut enfuie dans le jardin pour y pleurer à chaudes larmes !

Amélie était au désespoir ; son étoile était tombée dans l'immensité. De tant de plaisirs et d'orgueil, il ne lui restait que la pitié du monde, et quarante ans à vivre avec une dent de moins.

La belle Amélie prit Garnier pour amant ; elle est partie avec lui pour l'Italie. Les dernières lettres de Milan annoncent que sa dent est parfaitement remplacée, et qu'elle a les noisettes en horreur.

LE CONTREBANDIER

HISTOIRE LYRIQUE

La chanson du *Contrebandier* est populaire en Espagne; cependant, bien qu'elle ait la forme tranchée, la simplicité laconique et le parfum national de toutes les *tiranas* espagnoles, elle n'est pas, comme les autres, d'origine ancienne et inconnue. Cette chanson, que l'auteur de *Bug-Jargal* a poétiquement jetée à travers son roman, fut composée par Garcia dans sa jeunesse. La Malibran fit connaître à tous les salons de l'Europe la grâce énergique et tendre des *boleros* et des *tiranillas*. Parmi les plus goûtées, le *Contrabandista* fut celle que chantait avec le plus d'amour la grande artiste; elle y puisait, avec tant de force, les souvenirs de l'enfance et les émotions de la patrie, que son attendrissement l'empêcha plus d'une fois d'aller jusqu'au bout; un jour même elle s'évanouit après l'avoir achevée. Les paroles de cette chansonnette sont admirablement portées par le chant, mais elles sont insignifiantes séparées de la musique, et il serait impossible de les traduire mot à mot.

L'air se termine par cette sorte de cadence qui se trouve à la fin de toutes les *tiranas*, et qui, ordinairement mélancolique et lente, s'exhale comme un soupir ou comme un gémissement. La cadence finale du *Contrebandier* est un véritable *sonsonete*; il se perd, sous son mouvement rapide, dans les tons élevés, comme une fuite railleuse, comme le vol à-tire-d'aile de l'oiseau qui s'échappe, comme le galop du cheval qui fuit à travers la plaine; mais, malgré cette expression de gaieté insouciante, quand, d'une cime des Pyrénées, dans les muettes solitudes ou sous la basse continue des cataractes, vous entendez ce trille lointain voltiger sur les sentiers inaccessibles dont le ravin vous sépare, vous trouvez dans l'adieu moqueur du bandit quelque chose d'étrangement triste, car un douanier va peut-être sortir des buissons et braquer son fusil sur votre épaule, et peut-être en même temps le hardi chanteur va-t-il rouler et achever sa *coplita* dans l'abîme.

Garcia conserva toujours une prédilection paternelle pour sa chanson du *Contrebandier*. Il prétendait, dans ses jours de verve poétique, que le mouvement, le caractère et le sens de cette perle musicale étaient le résumé de la vie d'artiste, de laquelle, à son dire, la vie de contrebandier est l'idéal. Le *aye, jaleo*, ce *aye* intraduisible qui embrase les narines des chevaux et fait hurler les chiens à la chasse, semblait à Garcia plus énergique, plus profond et plus propre à enterrer le chagrin, que toutes les maximes de la philosophie.

Il disait sans cesse qu'il voulait pour toute épitaphe sur sa tombe : *Yo que soy el Contrabandista*, tant Othello et don Juan s'étaient identifiés avec le personnage imaginaire du *Contrebandier*.

Liszt a composé pour le piano, sur ce thème répandu et immortalisé chez nous par les dernières années de la Malibran, un *rondo fantastique* qui est une de ses plus brillantes et plus suaves productions. Après une introduction pleine d'éclat et de largeur, l'air national, d'abord rendu avec toute la simplicité du texte, passe, et par une suite de caractères admirablement gradués, de la grâce enfantine à la rudesse guerrière, de la mélancolie pastorale à la fureur sombre, de la douleur déchirante au délire poétique. Soudain, au milieu de toute cette agitation fébrile, une noble prière admirablement encadrée dans de savantes modulations, vous élève vers une sphère sublime; mais, même dans cette atmosphère éthérée, les bruits lointains de la vie, les chants, les pleurs, les menaces, les cris de détresse ou de triomphe, cris de la terre! vous poursuivent. Arraché à l'extase contemplative, vous redescendez dans la fête, dans le combat, dans les voix d'amour et de guerre; puis la poésie vous en retire encore; la voix mystérieuse et toute-puissante vous rappelle sur la montagne, où vous êtes rafraîchi par la rosée des larmes saintes ; enfin la montagne disparaît et les flambeaux du banquet effacent les cieux étoilés. Mille voix, âpres de joie, d'orgueil ou de colère, reprennent le thème, et les chœurs foudroyants terminent ce vaste poëme, création bizarre et magnifique qui fait passer toute une vie, tout un monde de sensations et de visions sur les touches brûlantes du clavier.

Un soir d'automne, à Genève, un ami de Liszt fumait son cigare dans l'obscurité, tandis que l'artiste répétait ce morceau récemment achevé : l'auditeur, ému par la musique, un peu enivré par la fumée du Canaster, par le murmure du Léman expirant sur ses grèves, se laissa emporter au gré de sa propre fantaisie jusqu'à revêtir les sons de formes humaines, jusqu'à dramatiser dans son cerveau toute une scène de roman. Il en parla le soir à souper et tâcha de raconter la vision qu'il avait eue ; on le mit au défi de formuler la musique en parole et en action. Il se récusa d'abord, parce que la musique instrumentale, ne peut jamais avoir un sens arbitraire ; mais le compositeur lui ayant permis de s'abandonner à son imagination, il prit la plume en riant et traduisit son rêve dans une forme qu'il appela lyrico-fantastique, faute d'un autre nom, et qui après tout n'est pas plus neuve que tout ce qu'on invente aujourd'hui.

YO QUE SOY CONTRABANDISTA

Paraphrase fantastique sur un rondo fantastique de FRANZ LISZT

INTRODUCTION

UN BANQUET EN PLEIN AIR DANS UN JARDIN

LES AMIS (chœur).

Heurtons les coupes de la joie. Que leurs flancs vermeils se pressent jusqu'à se briser. Souffle, vent du couchant, et sème sur nos têtes les fleurs de l'oranger! Célébrons ce jour qui nous rassemble à la même table dans la maison de nos pères. Heurtons les coupes de la joie!

LE CHATELAIN (Air).

Viens, serviteur qui m'as bercé, verse-moi le vin généreux de mes collines. Tout à l'heure, les mains qui guidèrent les pas débiles de mon enfance soutiendront mes jambes avinées, et quand l'ivresse me fera bégayer, tu oublieras que je suis ton seigneur, et tu me diras encore une fois, comme jadis : « Il faut aller dormir, mon enfant. »

LES AMIS (Chœur).

Que la coupe de la joie s'emplisse pour le serviteur fidèle. Que son front austère se déride et qu'il soit vaincu par l'esprit joyeux qui rit dans les amphores. L'esprit de l'ivresse, c'est Bacchus enfant, non moins beau, plus aimable, et plus éternel que le maussade Cupidon. Bois, vieillard, afin que tu te sentes jeune comme le petit page que tu gourmandes, afin que ton maître, privé de guide, ne puisse retrouver sa couche et reste à table avec nous jusqu'au jour.

UN CONVIVE (Air).

O toi, ma belle fiancée, pourquoi refuses-tu de remplir ta coupe? pourquoi la poses-tu en souriant sur la table après avoir mouillé tes lèvres? Si tu ne bois pas autant que moi, je croirai que déjà s'en va ton amour, et que tu crains de me l'avouer dans l'ivresse.

LES AMIS (Chœur).

Buvez, nos femmes, nos sœurs, buvez et chantez! le vin ne trahit que les traîtres. Il est comme la trompette du jugement dernier qui forcera les menteurs à se dévoiler et qui proclamera la gloire des véridiques. Vous qui n'avez ni mauvaise pensée ni secret coupable, laissez tomber des paroles confiantes de vos bouches discrètes, comme, dans les jours d'avril, l'onde s'échappe abondante et limpide des flancs glacés de la montagne.

LES FEMMES (Chœur).

Nous boirons et nous chanterons avec vous, car nous n'avons rien dans l'âme qui ne puisse arriver jusqu'à nos lèvres. Et, d'ailleurs, si nous disions quelque chose de trop ce soir, nous savons que vous ne vous en souviendriez plus demain.

TOUS.

Heurtons les coupes de la joie. Que leurs flancs vermeils se pressent jusqu'à se briser. Souffle, vent du couchant, et sème sur nos têtes les fleurs de l'oranger. Ce jour nous rassemble à la même table dans la maison de nos pères. Heurtons les coupes de la joie!

UN CONVIVE (Récitatif).

Craignons que le bruit de nos voix réunies ne nous enivre plus vite que le vin. Laissons l'esprit joyeux de l'ivresse s'emparer de nous lentement et verser peu à peu dans nos veines sa chaleur bienfaisante. Que le plus jeune d'entre nous chante seul un air populaire de ces contrées, et nous dirons seulement le refrain avec lui.

L'ENFANT (Récitatif).

Voici un air des montagnes que vous devez tous connaître et qui fait verser des larmes à ceux qui l'entendent sous des cieux étrangers.

CHŒUR.

Chante, jeune garçon, chante, et qu'en te répondant chacun de nous se félicite d'avoir revu le toit de ses pères. Heurtons les coupes de la joie.

L'ENFANT (Air).

La chanson espagnole : *Yo que soy Contrabandista.*

Moi qui suis un contrebandier, je mène une noble vie. J'erre nuit et jour dans la montagne, je descends dans les villages et je courtise les jolies filles, et quand la ronde vient à passer, je pique des deux mon petit cheval noir, et je me sauve dans la montagne, *aye, aye,* mon bon petit cheval, voici la ronde, *aye, aye.* Adieu, les jolies filles.

LE CHŒUR.

Aye, aye, mon brave petit cheval noir, voici le guet. Adieu, les jolies filles. *Aye, aye.* Heurtons les coupes de la joie, que leurs flancs vermeils.....

LE CHATELAIN (Récitatif).

Quel est ce pèlerin qui sort de la forêt suivi d'un maigre chien noir comme la nuit? Il s'avance vers nous d'un pas mal assuré. Il semble harassé de fatigue; qu'on remplisse une large coupe, et qu'il boive à sa patrie lointaine, à ses amis absents!

LE CHŒUR.

Pèlerin fatigué, heurte et vide avec nous la coupe de la joie. Bois à ta patrie lointaine, à tes amis absents!

LE VOYAGEUR (Air).

Patrie insensible, amis ingrats, je ne boirai point à vous. Soyez maudits, vous qui accueillez un frère comme un mendiant; soyez oubliés, vous qui ne reconnaissez point un ancien ami. Je veux briser cette coupe offerte au premier passant comme une aumône banale; je veux me laver les pieds dans le vin qui ne doit pas s'échauffer par le cœur. Mauvais vin, mauvais amis, mauvaise fortune, mauvais accueil.

LE CHŒUR.

Qui es-tu, toi, qui seul oses nous braver tous sous le toit de nos pères, toi qui te vantes d'être un des nôtres, qui renverses dans la poussière la coupe de la joie et le vin de l'hospitalité?

LE VOYAGEUR (Récitatif).

Ce que je suis, je vais vous le dire. Je suis un malheureux, et à cause de cela personne ne me reconnaît. Si j'étais arrivé à vous dans l'éclat de ma splendeur passée, vous fussiez tous accourus à ma rencontre, et la plus belle de vos femmes m'eût versé le vin de l'étrier dans une coupe d'or. Mais je marche seul, sans cortége, sans chevaux, sans valets et sans chiens; l'or de mon vêtement est terni par la pluie et le soleil; mes joues sont creusées par la fatigue, et mon front s'affaisse sous le poids des longs ennuis comme celui du vieil Atlas sous le fardeau du monde. Qu'avez-vous à me regarder d'un air stupéfait? N'avez-vous pas de honte d'être surpris dans l'orgie par celui qui se croyait pleuré par vous à cette heure?

Allons, qu'on se lève, et que le plus fier d'entre vous me présente son siége, auprès de la plus belle d'entre vos femmes.

LE CHATELAIN (Récitatif).

Passant, tu prends avec nous des libertés que nous ne souffririons pas si ce n'était aujourd'hui grande fête en ces lieux. Mais, comme aux fêtes de Saturne il était permis aux valets de braver leurs maîtres, de même en ce jour consacré à l'hospitalité nous consentons à entendre gaiement les facéties d'un pèlerin en haillons qui se dit notre cousin et notre égal.

LE VOYAGEUR (Chant).

Le pèlerin qui vous parle n'est plus votre égal, ô mes gracieux hôtes. Il fut votre égal autrefois, ô vous qui heurtez les coupes de la joie.

LE CHŒUR.

Et quel est-il maintenant? Parle, ô bizarre étranger, et porte à tes lèvres avides la coupe de la joie.

LE VOYAGEUR (Récitatif).

Toute coupe est remplie de fiel pour celui qui n'a plus ni amis ni patrie, et puisque vous voulez savoir qui je suis, maintenant, ô enfants de la joie, apprenez que je suis plus grand que vous, moi qui ai bu en entier le calice de la vie, car la douleur m'a fait plus grand et plus fort que le plus fort et le plus grand d'entre vous.

LE CHATELAIN (Récitatif).

Étranger, ta présomption m'amuse; si je ne me trompe, tu es un poëte de carrefour, un improvisateur aux riantes forfanteries, un bouffon du genre emphatique; continue, et puisque ta fantaisie est de ne point boire, amuse-nous à jeun, de tes déclamations, tandis que nous allons vider les coupes de la joie.

UNE FEMME (Récitatif).

O mon cher fiancé! ô mes amis! ô mon seigneur le châtelain ! cet homme dit qu'il est le plus grand d'entre nous, et son impudence mérite votre pardon, car il a dit, en même temps, qu'il était le plus malheureux des hommes. Je vous supplie de ne point l'affliger par vos railleries, mais de l'engager à nous raconter son histoire.

LE CHATELAIN (Récitatif).

Allons, pèlerin, puisque la Hermosa te prend sous son aile de colombe, raconte-nous tes malheurs, et notre joie les écoutera avec pitié pour l'amour d'elle.

LE PÈLERIN (Récitatif).

Châtelain, j'ai autre chose à penser qu'à te divertir. Je ne suis ni un improvisateur, ni un trouvère, ni un bouffon. Je ris souvent, mais je ris en moi-même d'un rire lugubre et désespéré en voyant les turpitudes et les misères de l'homme. Jeune femme, je n'ai rien à raconter. Toute l'histoire de mes malheurs est contenue dans ces mots : *Je suis homme!*

LA HERMOSA (Récitatif).

Infortuné, je sens pour toi une compassion inexprimable. Regardez-le donc, ô mes amis! ne vous semble-t-il pas reconnaître ses traits altérés par le chagrin? O mon cher Diego, regarde-le; ou bien j'ai vu cet homme en rêve, ou bien c'est le spectre de quelqu'un que nous avons aimé.

EGO (Récitatif).

Hermosa, votre pitié est obligeante; je veux être le cousin du diable si j'ai jamais rencontré cette face chagrine sur mon chemin. Si elle vous apparut en rêve, ce fut à coup sûr un rêve sinistre à la suite d'un méchant souper. N'importe, s'il veut raconter son histoire, je le tiens quitte de ma colère, car le regard qu'il attache sur vos belles mains commence à me faire trouver le bragance amer.

TOUS (Chœur).

S'il veut raconter ses aventures, qu'il emplisse et vide avec nous les coupes de la joie; mais, s'il ne veut ni parler ni boire, qu'il aille chez son cousin le diable, et qu'il vide avec lui le fiel de la haine dans une coupe de fer rouge. Heurtons les coupes de la joie.

L'ENFANT (Récitatif).

D'une voix timide, la tête nue et un genou en terre, devant monseigneur j'ose ouvrir un avis. Cet homme a été attiré vers nous par le refrain de ma chanson. Quand j'ai commencé à chanter, il suivait la lisière du bois et se dirigeait précipitamment vers la plaine. Mais tout d'un coup son oreille a semblé frappée de sons agréables, il est revenu sur ses pas; deux ou trois fois il s'est arrêté pour écouter, et quand j'ai eu fini de chanter il était près de nous. Il dit qu'il est des nôtres, que vous l'avez connu, qu'il est ici dans sa patrie, eh bien! qu'il chante ma chanson, et s'il la dit tout entière sans se tromper, nous ne pouvons pas douter qu'il soit né dans nos montagnes.

LE CHATELAIN (Récitatif).

Soit. Tu as bien parlé, jeune page, et je t'approuve parce que la Hermosa sourit.

LE CHŒUR.

Tu as bien parlé, jeune page, parce que la Hermosa sourit et que le châtelain t'approuve. Que l'étranger chante ta chanson, et qu'il heurte avec nous la coupe de la joie!

LE VOYAGEUR (Récitatif).

Eh bien, j'y consens. Écoutez-moi, et que nul ne m'interrompe, ou je brise la coupe de la joie. (Il chante.) Moi... moi... moi!...

LE CHŒUR.

Bravo, il sait parfaitement la première syllabe.

LE VOYAGEUR.

Silence! (Il chante.) — Moi qui suis un jeune chevrier.

LE CHŒUR.

Fi donc! fi donc! ce n'est pas cela.

LA HERMOSA.

Laissez-le continuer, il a la voix belle.

LE VOYAGEUR (Air).

Moi qui suis un jeune chevrier, un enfant de la montagne, je mène une douce vie. Je vis loin des villes et je n'ai jamais vu que de loin le clocher d'or de la cathédrale. J'aime toutes les belles filles de la vallée, mais ma sœur Dolorie entre toutes. Ma sœur, plus belle que toutes les belles, plus sainte que toutes les saintes. Ma sœur qui repose là-haut sous les vieux cèdres, sous le jeune gazon, ma pauvre sœur! Ah! ma vie s'est écoulée dans les larmes.

DIEGO (Récitatif).

Que dit-il? et quelle étrange confusion dans ce chant inconnu? Sa sœur qu'il aime vivante et qu'il pleure morte tout ensemble? Sa douce vie sur la montagne et sa vie pleine de larmes tout aussitôt? Hermosa, sa voix est pure, mais sa cervelle est bien troublée.

LA HERMOSA (Récitatif).

O mon Dieu! j'ai ouï parler d'une certaine Dolorio dont le frère...

DIÉGO.

Hermosa, ta pitié est trop obligeante. Que cet aventurier chante la chanson du pays, ou qu'il aille en enfer vider la coupe des larmes avec Satan, son cousin.

LE CHŒUR.

Qu'il aille vider en enfer la coupe des larmes, s'il ne veut dire la chanson du pays et vider avec nous la coupe de la joie.

LE VOYAGEUR.

Laissez-moi, laissez-moi. La mémoire m'est revenue. J'avais mêlé deux couplets de la chanson. Voici le premier (il chante).

LE CONTREBANDIER

Moi qui suis un jeune chevrier, je vis à l'aise sur la montagne, je n'ai jamais vu les clochers d'or que dans la brume lointaine. J'aime les gracieuses filles de la vallée, et je cueille la gentiane bleue pour leur faire des bouquets moins beaux que leurs yeux d'azur. Et quand le soir approche, quand l'Angélus sonne, quand la nuit descend, j'appelle mon grand bouc noir, je rassemble mon troupeau et je remonte sur mes montagnes! A moi, à moi mon grand bouc noir, voici la nuit, *aye, aye*. Adieu, les jolies filles.

LE CHATELAIN (Récitatif).

Bien chanté, pèlerin; mais ceci n'est pas la chanson, ce n'est pas même une variation. Tu as changé le thème. Allons, essaie encore, car ta voix est belle, et ton imagination est plus féconde que ta mémoire n'est fidèle.

LE CHŒUR.

Qu'il chante et qu'il mouille ses lèvres pour reprendre haleine, mais qu'il dise la chanson du pays s'il veut vider en entier la coupe de la joie.

LE VOYAGEUR.

Moi... moi... attendez ! oui, m'y voilà. (Il chante.)
Moi, qui suis un joyeux écolier, je mène une
folle vie. Je bats nuit et jour le docte pavé de
Salamanque. Je passe souvent par-dessus les remparts pour courir après les lutins femelles qui passent comme des ombres dans la nuit orageuse, dans la nuit perfide, mère des erreurs et des déceptions ; dans la nuit infernale, mère des crimes et des remords ! Ah bah ! je me trompe, ce n'est pas cela...

DIEGO (Récitatif).

Eh ! de par Dieu, il est temps de s'en apercevoir. D'un bout à l'autre, il invente, il ne se souvient pas.

LE CHŒUR.

Silence, silence, écoutez ; il a la voix belle.

LE VOYAGEUR.

(Il chante.) Et quand un docteur de l'université vient à se croiser avec moi dans une ruelle, sous la jalousie de mon amante, je casse avec joie le manche de ma guitare sur le dos de mon pauvre pédant noir, et je me sauve vers mes montagnes. *Aye, aye*, mon pédant noir, voici la récompense de ton aubade; *aye, aye*, dis adieu aux jolies filles.

LE CHŒUR.

Bravo! la chanson m'amuse, chantons et répétons avec lui son refrain capricieux : *Aye, aye*, mon pauvre pédant noir, *aye, aye*, dis adieu aux jolies filles.

LE CHATELAIN (Récitatif).

Continue, mon brave improvisateur, tu n'as pas dit la chanson du pays, et j'en suis fort aise, car la tienne me plaît; mais tu sais notre marché. Il faut en venir à ton honneur si tu veux vider avec nous la coupe de la joie.

LE CHŒUR.

Courage, pèlerin. Mouille tes lèvres encore une fois, mais dis la chanson du pays si tu veux vider avec nous la coupe de la joie.

LE VOYAGEUR.

Laissez-moi, laissez-moi, mes souvenirs m'oppressent et m'accablent; voici ma mémoire qui s'éveille, écoutez. Moi... moi... J'y suis...

(Il chante.) Moi qui suis un amant infortuné, je pleure et je chante nuit et jour dans les montagnes; je rentre quelquefois la nuit dans la ville maudite, pour aller m'asseoir sous la jalousie de mon infidèle, mais quand mon rival vient à passer, je plonge mon stylet dans son sang noir, car c'est de l'encre qui coule dans les veines d'un pédant. O monstre! meurs, toi d'abord, rebut de la nature, et toi aussi, fourbe maîtresse, tu ne tromperas plus personne... Mais je m'égare, j'ai perdu la mesure... toujours le second couplet se mêle au premier et dans mon impatience... Attendez, attendez, voici!... (Il chante). Mais la sainte Hermandad vient de ce côté; rentre dans la gaîne, poignard teint d'un sang noir, voici les alguazils, *aye, aye,* mon poignard noir, *aye, aye,* adieu! adieu... la trompeuse fille.

LE CHŒUR.

Aye, aye, mon poignard noir; *aye, aye*, adieu, la trompeuse fille.

LE CHATELAIN (Récitatif).

Encore, encore, pèlerin, tu t'égares avec tant d'adresse qu'il est impossible que tu ne te retrouves pas de même. Cherche encore.

LE CHŒUR.

Cherche encore, mouille tes lèvres et dis la chanson du pays si tu veux vider la coupe de la joie.

LE VOYAGEUR (Récitatif).

Si je voulais vous dire la chanson telle qu'elle est gravée dans ma mémoire, le vin de vos coupes se changerait en larmes, et puis en fiel, et puis en un sang noir...

LE CHATELAIN.

Poursuis, poursuis, chanteur bizarre. Nous aimons tes chants et nous saurons, par nos libations, conjurer les esprits de ténèbres.

LE CHŒUR.

Poursuis, poursuis, chanteur inspiré! Bravons les esprits infernaux; remplissons les coupes de la joie!

LE VOYAGEUR.

(Il chante.) Moi qui suis un vil meurtrier, je mène une affreuse vie; je me cache la nuit dans les cavernes inaccessibles, et le jour je me hasarde à la lisière des forêts pour cueillir quelques fruits amers et saisir quelques sons lointains de la voix humaine; mes pieds sont déchirés; mon front est sillonné comme celui de Caïn; ma voix est rauque et terrible comme celle des torrents qui sont mes hôtes; mon âme est déchirée comme les flancs des monts qui sont mes frères, et quand l'heure fatale est marquée à l'horloge céleste pour le lever de l'étoile sanglante... oh! alors... le spectre noir me fait signe de le suivre, et là jusqu'au coucher de l'étoile, je marche, je cours à travers les rochers, à travers les épines, à travers les précipices à la suite du fantôme...Marche,

marche, spectre noir! me voici; marche à travers
la tempête...

(Récitatif.) Eh bien! vous autres, vous ne répétez
pas le refrain? Vous éloignez vos coupes de la
mienne? Poltrons et visionnaires, à qui en avez-
vous?

LE CHATELAIN.

Pèlerin, si c'est là le dernier couplet de ta
chanson, et si c'est le dernier chapitre de ton
histoire, si tes paroles, ton aspect et ton humeur
ne mentent pas, si tu es un meurtrier...

LE VOYAGEUR.

Eh bien! tu as peur?

LA HERMOSA, bas, regardant le pèlerin.

Il est beau ainsi!...

LE VOYAGEUR, éclatant de rire.

Ah! ah! en vérité, vous me feriez mourir de
rire; ah! ah! ah! tous ces braves champions, tous
ces buveurs intrépides, les voilà plus pâles que
leurs coupes d'agate; gare, gare, place au spectre!

Eh bien! le voyez-vous, ah! ah! mais non, c'est une autre ombre, elle m'apparaît à moi, je la vois... Je l'attends, écoutez ce qu'il chante.

(Il chante.) Moi qui suis un vaillant guerrier, je mène une superbe vie, je tiens l'ennemi bloqué dans la montagne, je le serre, je l'épuise, je le presse, je l'égare, je l'enferme dans les gorges inexorables, j'anéantis ses phalanges effarées, je déchire ses bannières sanglantes, je foule aux pieds de mon cheval et la force, et l'audace, et la gloire, et quand le clairon sonne, en avant, mon panache noir! victoire, victoire! Voici mon noir cimier qui flotte au vent à demi brisé par les balles.

LE CHŒUR.

En avant, mon noir cimier, victoire à mon panache brisé par les balles!

LE CHATELAIN (Récitatif).

Il a bien chanté, ses yeux étincellent, sa main brûlante fait bouillonner son vin dans sa coupe. Vide-la donc, mon brave chanteur, tu l'as gagnée, mais si tu veux t'asseoir parmi nous et boire jusqu'à la nuit et de la nuit jusqu'au matin, il faut dire la chanson du pays.

LE CHŒUR.

Il faut dire la chanson du pays, si tu veux vider jusqu'à l'aube nouvelle les coupes de la joie.

LE VOYAGEUR.

Soit, je la dirai quand il me plaira et comme il me plaira. Écoutez ce couplet.

(Il chante.) **Moi qui suis un aventurier, je mène une vie périlleuse, j'erre de la ville à la montagne et j'enlève les jolies filles pour les emmener dans mon beau palais, dans mes bois de myrtes et de grenadiers; et quand l'ennui, sous la forme d'un hibou noir, vient à passer sur ma tête..., je remplis ma coupe jusqu'au bord et j'y noie l'oiseau de malheur... Bois, bois, vilain oiseau noir; meurs, meurs, oiseau des funérailles...; retourne à ton nid sur l'if du cimetière, sur la tombe de la victime, sur l'épaule du spectre...**

(Récitatif.) **Eh bien! vous n'aimez pas celui-ci? Je me suis encore trompé peut-être : en voulez-vous un autre?**

(Il chante.) Moi qui suis un pauvre ermite, je veille et je prie nuit et jour sur la montagne; je donne l'hospitalité aux pèlerins, je les console, et j'expie leurs péchés et les miens par la pénitence... Et quand la lune se lève, quand le chamois brame, quand les astres pâlissent, je tombe à genoux sur la bruyère déserte et j'élève ma voix suppliante...

(Prière.) Je crie vers toi dans la solitude, je pleure prosterné dans le silence du désert. Splendeurs de la nuit étoilée, soyez témoins de ma douleur et de mon amour. Anges gardiens, messagers de prière et de pardon, vous qui nagez dans l'or des sphères célestes, vous qui descendez dans les rayons de la lune, vous qui passez sur nous avec le rideau bleu de la nuit, avec les cercles étincelants des constellations, pleurez, pleurez sur moi; répétez mes prières; recueillez mes larmes dans les vases sacrés de la miséricorde; portez aux cieux mon calice, et fléchissez le Dieu puissant, le Dieu fort, le Dieu bon !...

Eh bien, eh bien ! j'ai changé; le mode vous plaît-il ainsi? Allons, le refrain et ensemble ! A moi qui suis un pénitent noir, merci, merci, voici l'ange du pardon, merci dans le ciel et paix sur la terre.

LE CHŒUR.

A toi, à toi, pénitent noir, merci dans le ciel et paix sur la terre.

LE CHATELAIN (récitatif).

Si Dieu t'absout, pèlerin, la justice des hommes ne doit pas être plus sévère que celle du Ciel; assieds-toi, et sois lavé de tes crimes par les larmes du repentir, sois consolé de tes maux par la libation de la joie.

LE VOYAGEUR.

Mes crimes! mon repentir! votre pitié! Non pas, non pas, mes bons amis; la chanson ne finit pas ainsi : écoutez encore ce couplet.

(Il chante.) Moi qui suis un poëte couronné, je me raille de Dieu et des hommes; j'ai des chants pour la douleur et des chants pour la folie, j'ai des strophes pour le ciel et des strophes pour l'enfer, un rhythme pour le meurtre, un autre pour le combat, et puis un pour l'amour, et puis un autre pour la pénitence. Et que m'importe l'univers, pourvu que je tienne la rime? Et quand l'idée vient à manquer, je fais vibrer les grosses cordes de la lyre, les cordes noires qui font de l'effet sur les sots. Résonne, résonne, bonne corde noire, voici le sens qui manque aux paroles; résonne, résonne: au diable la raison! vive la rime!

LE CHATELAIN (Récitatif).

Te moques-tu de l'hospitalité, barde audacieux? N'as-tu pas un chant facile, une mélodie complète? Depuis une heure nous t'écoutons naïvement, soumis à toutes les émotions que tu nous commandes, et à peine as-tu élevé vers les cieux un pieux cantique, tu reprends la voix de l'enfer pour te moquer de Dieu, des hommes et de toi-même! Chante donc au moins la chanson du pays, ou nous arracherons de tes mains la coupe de la joie.

LE CHŒUR.

Dis enfin l'air du pays, ou nous t'arrachons la coupe de la joie.

LE VOYAGEUR, chantant sur le mode de la prière de l'Ermite.

Dieu des pasteurs, et toi, Marie, amie des âmes simples; Dieu des jeunes cœurs, et toi, Marie, foyer d'amour! Dieu des armées, et toi, Marie, appui des braves! Dieu des anachorètes, et toi, Marie, source de larmes saintes! Dieu des poëtes, et toi, Marie, mélodie du ciel! écoutez-moi, exaucez-moi. Soutenez le pèlerin, conduisez le voyageur, préservez le soldat, visitez l'ermite, souriez au poëte, et, comme un parfum mêlé de toutes les fleurs que vous faites éclore pour lui sur la terre, recevez l'encens de son cœur, recevez l'hymne de son amour...

Eh bien, le refrain vous embarrasse? Vous ne savez comment rentrer dans le ton et dans la mesure? Du courage, écoutez comment je module et comment je résume.

(Il chante.) Moi qui suis un chevrier, je donnerais toutes les chèvres de la sierra pour un regard de ma belle. Moi qui suis un écolier, je brûlerais tous mes livres de la Faculté pour un baiser à travers la jalousie. Moi qui suis un amant heureux, je donnerais tous les baisers de ma belle pour un soufflet appliqué à un pédant. Moi qui suis un amant trompé, je vendrais mon âme pour un coup d'épée dans la poitrine de mon rival. Moi qui suis un meurtrier et un proscrit, je donnerais tous les amours et toutes les vengeances de la terre pour un instant de gloire. Moi qui suis un guerrier vainqueur, je donnerais toutes les palmes du triomphe pour un instant de repos avec ma conscience. Moi qui suis un pénitent absous, je donnerais toutes les indulgences du pape pour une heure de fièvre poétique. Et moi enfin qui suis un poëte, je donnerais toute la guirlande d'or des prix Floraux pour l'éclair de l'inspiration divine... Mais quand mon chant ouvre ses ailes, quand mon pied repousse la terre, quand je crois entendre les concerts divins passer au loin, un voile de deuil s'étend sur ma tête maudite, sur mon âme flétrie ; l'ange de la mort m'enveloppe d'un nuage sinistre ; éperdu, haletant, fatigué, je flotte entre la lumière et les ténèbres, entre la foi et le doute, entre la prière et le blasphème, et je retombe dans la fange en criant : Hélas! hélas! le voile noir! Hélas! hélas! où sont mes ailes?

LE CHŒUR.

Hélas! hélas! le voile noir? hélas! hélas! où sont mes ailes?

LE CHATELAIN (Récitatif).

Assieds-toi, assieds-toi, noble chanteur, tu nous as vaincus!

DIEGO.

Il n'a pas dit la chanson du pays... Il n'en a pas dit un seul vers.

LA HERMOSA.

Il a mieux chanté qu'aucun de nous. Pèlerin, accepte cette branche de sauge écarlate, trempe-la dans ta coupe et chante pour moi.

LE VOYAGEUR.

Je ne chante pour personne, je chante pour me satisfaire quand la fantaisie me vient. Adieu, jeune femme, j'emporte ta fleur couleur de sang; le spectre m'attend à la lisière du bois; adieu, châtelain crédule, adieu, vous tous, grossiers buveurs, qui demandez au barde de vous verser le vin du cru, quand il vous apporte l'ambroisie du ciel ; chantez-la, votre chanson du pays ; moi, le pays me fait mal au cœur, et le vin du pays encore plus. (Il chante.)

Allons, debout ! mon compagnon, mon pauvre chien noir ; partons, partons ; adieu les jolies filles.
(Il s'éloigne.)

LE CHATELAIN (Récitatif).

Voilà un homme étrange !

DIEGO.

C'est un bandit, courons après lui, jetons-le en prison.

LA HERMOSA.

Il chantera, et les murs des cachots crouleront, et les anges descendront du ciel pour détacher ses fers.

L'ENFANT.

Écoutez, Monseigneur ! vous lui avez fait une promesse, c'est de le croire ami et compatriote s'il chante l'air du pays ; écoutez sa voix qui tonne du haut de la colline.

LE VOYAGEUR, sur la colline.

(Il chante.) Moi qui suis un contrebandier, je mène une noble vie, j'erre nuit et jour dans la montagne; je descends dans les villages et je courtise les jolies filles, et quand la ronde vient à passer, je pique des deux mon petit cheval, et je me sauve dans la montagne. Aye, aye, mon bon petit cheval noir, voici la ronde, adieu les jolies filles.

(Le chœur répète le refrain : *Aye, aye, mon cheval noir*, etc.)

DIEGO (Récitatif).

Par le diable ! je le reconnais, maintenant qu'il s'enveloppe dans son manteau rouge, maintenant qu'il saute sur son cheval, maintenant qu'il ôte sa fausse barbe et qu'il ne déguise plus sa voix ; c'est José, c'est le fameux contrebandier, c'est le damné bandit ; et moi, capitaine des rondes, qui étais chargé de l'arrêter !... Courons, mes amis, courons...

LE CHATELAIN.

Non pas, vraiment, c'est un noble enfant des montagnes, qui fut bachelier, amoureux et poëte, et qui, dit-on, s'est fait chef de bande par esprit de parti.

DIEGO.

Ou par suite d'une histoire de meurtre.

LA HERMOSA.

Ou par suite d'une histoire d'amour.

LE CHATELAIN.

N'importe, il s'est bravement moqué de toi, Diégo; mais en nous raillant tous, il a su nous émouvoir et nous charmer. Que Dieu le conduise et que rien ne trouble ce jour de fête, ce jour consacré à remplir et à vider les coupes de la joie!

LE CHŒUR.

Que rien ne trouble ce jour de fête et vidons les coupes de la joie! (Ils chantent en chœur la chanson du Contrebandier.)

CHŒUR FINAL.

Heurtons les coupes de la joie, que leurs flancs vermeils se pressent jusqu'à se briser! Souffle, vent du soir, et sème sur nos têtes les fleurs de l'oranger! Célébrons ce jour de fête, heurtons les coupes de la joie!

LE VOYAGEUR, dans le lointain.

Amen.

TOUS ENSEMBLE.

Vive la joie! Amen.

LA RÊVERIE A PARIS

A LOUIS ULBACH

Excellent ami, je vous avais promis une étude sur les squares et jardins de Paris, autrement dit sur la nature acclimatée dans notre monde de moellons et de poussière. Le sujet comportait un examen sérieux, intéressant, que j'avais commencé; mais la maladie a disposé de mes heures, et ce n'est plus une étude que je vous envoie; c'est une impression rétrospective que je dois avoir la conscience et l'humilité d'intituler simplement : *La rêverie à Paris*. C'est qu'en vérité je ne sais point de ville au monde où la rêverie ambulatoire soit plus agréable qu'à Paris. Si le pauvre piéton y rencontre, par le froid ou le chaud, des tribulations sans nombre, il faut lui faire avouer aussi que, dans les beaux jours du printemps et de l'automne, il est, « *s'il connaît son bonheur,* » un mortel privilégié. Pour mon compte, j'aime à reconnaître qu'aucun véhicule, depuis le somptueux équipage jusqu'au modeste sapin, ne vaut, pour la rêverie douce et riante, le plaisir de se servir de deux bonnes jambes obéissant, sur l'asphalte ou la dalle, à la fantaisie de leur propriétaire. Regrette qui voudra l'ancien Paris ; mes facultés intellectuelles ne m'ont jamais permis *d'en connaître les détours*, bien que, comme tant d'autres, j'y aie été *nourri*. Aujourd'hui que de grandes percées, trop droites pour l'œil artiste, mais éminemment sûres, nous permettent d'aller longtemps, les mains dans nos poches, sans nous égarer et sans être forcés de consulter à chaque instant le commissionnaire du coin ou l'affable épicier de la rue, c'est une bénédiction que de cheminer le long d'un large trottoir, sans rien écouter et sans rien regarder, état fort agréable de la rêverie qui n'empêche pas de voir et d'entendre.

C'est encore un danger, j'en conviens, que d'être distrait au milieu d'une grande ville qui n'est pas obligée de s'occuper de vous quand vous ne daignez pas prendre garde à vous-même. Paris est loin d'avoir trouvé un système de véritable sécurité qui séparerait la locomotion des chevaux de celle des humains, et qui réussirait à supprimer, sans préjudice pour les besoins de l'échange, ces voitures à bras dont je veux me plaindre un peu en passant.

Remarquez que, sur cent embarras de voitures, quatre-vingt-dix sont causés par un seul homme attelé à une mince charrette, qui n'a pu se mettre à l'allure des chevaux et qui ne peut ni se hâter, ni se réfugier sur le trottoir. C'est un spectacle effrayant que de voir ce pauvre homme pris dans le fragile brancard qui ne le protégerait pas un instant si les cinquante ou cent voitures qui le pressent devant et derrière, souvent à droite et à gauche, se trouvaient poussées par le mouvement d'avance ou de recul d'un équipage récalcitrant. Il serait broyé comme un fagot. Mais s'il court un danger extrême, des centaines de piétons plus ou moins engagés dans cette bagarre ne sont guère moins exposés. Et la perte de temps dans un temps où l'on dit, à Paris comme en Amérique : « Time is money! », quelques vieux troubadours disent encore : « Le temps, c'est l'amitié, c'est l'amour, c'est le dévouement, c'est le devoir, c'est le bonheur ». On ne s'occupera guère de ces esprits démodés ; mais que ceux qui ne songent qu'à la richesse et qui prédominent dans la société nouvelle, cherchent donc ou encouragent le moyen de ne pas perdre un quart d'heure, soit à pied, soit en voiture, à tous les carrefours de notre aimable cité. On a bien trouvé le moyen de supprimer les attelages de chiens, ne trouvera-t-on pas celui de supprimer les attelages humains?

Espérons. Rien ne marche jamais assez vite en fait de progrès ; mais tout marche quand même et profitons, en attendant mieux, des véritables améliorations dont nous pouvons déjà nous féliciter.

J'oserai soutenir que les gens distraits, pour cent périls qu'ils courent encore dans Paris, y bénéficient déjà de la compensation de cent mille joies intimes et réelles. Quiconque possède cette précieuse infirmité de la préoccupation dira avec moi que je ne soutiens pas un paradoxe. Il y a dans l'air, dans l'aspect, dans le *son* de Paris, je ne sais quelle influence particulière qui ne se rencontre point ailleurs. C'est un milieu gai, il n'y a pas à en disconvenir. Nulle part le charme propre aux climats tempérés ne se manifeste mieux (quand il se manifeste) avec son air moite, ses ciels roses moirés ou nacrés des tons les plus vifs et les plus fins, les vitres brillantes de ses boutiques follement bigarrées, l'aménité de son fleuve ni trop étroit ni trop large, la clarté douce de ses reflets, l'allure aisée de sa population, à la fois active et flâneuse, sa sonorité confuse où tout s'harmonise, chaque bruit, celui de la population marinière comme celui de la population urbaine, ayant sa proportion et sa distribution merveilleusement fortuite. A Bordeaux ou à Rouen, les voix et le mouvement du fleuve dominent tout, et on peut dire que la vie est sur l'eau ; à Paris, la vie est partout ; aussi tout y paraît plus vivant qu'ailleurs.

Il est donc très-doux, pour quiconque peut jouir du moment présent, de se laisser bercer par le mouvement et le murmure particuliers à cette ville folle et sage, où l'imprévu a toujours établi son règne, grâce aux habitudes de bien-être que chacun y rêve et à la grande sociabilité qui la préserve des luttes prolongées. Paris veut vivre, il le veut impérieusement. Au lendemain des combats il lui faut des fêtes : on s'y égorge et on s'y embrasse avec la même facilité et la même bonne foi. On y est profondément égoïste chez soi, car, dans chaque maison, un petit monde, assez malheureux et souvent mauvais, s'agite et conspire contre tout le monde. Mais descendez dans la rue, suivez les quais ou les boulevards, traversez les jardins publics : tous ces êtres vulgaires ou pernicieux forment une foule bienveillante, soumise aux influences générales, une population douce, confiante, polie, on dirait presque fraternelle, si l'on jugeait des cœurs par les visages, ou des intentions par la démarche. Quel est donc, je ne m'en souviens plus, l'illustre étranger qui disait avoir du plaisir à se jeter dans les foules de Paris pour s'entendre dire à chaque instant par ceux qui le coudoyaient ou le poussaient involontairement : « Pardon, monsieur ! »

Mais nous voici, nous autres gens distraits, dans les nouveaux jardins publics, et tout à coup nous devenons attentifs pour peu que nous ayons pensé à quelque chose en ayant l'air de ne penser à rien. Impossible de marcher, même dans une ville amusante et charmante, sans rêver un espace illimité, les champs, les vallées, le vaste ciel étendu sur l'horizon des prairies. Voici de la verdure : on y court, on ouvre les yeux.

Le nouveau jardin vallonné et semé de corbeilles de fleurs exotiques, c'est toujours, en somme, le petit Trianon de la décadence classique et le jardin anglais du commencement de ce siècle, perfectionnés en ce sens qu'on en a multiplié les mouvements et les accidents afin de réussir à réaliser l'aspect du paysage naturel dans un espace limité. Rien de moins justifié, selon nous, que ce titre de *jardin paysager* dont s'empare aujourd'hui tout bourgeois dans sa villa de province. Même, dans les espaces plus vastes que Paris consacre à cette fiction, n'espérez pas trouver le charme de la nature. Le plus petit recoin des roches de Fontainebleau ou des collines boisées de l'Auvergne, la plus mince cascatelle de la Gargilesse, le plus ignoré des méandres de l'Indre, ont une autre tournure, une autre saveur, une autre puissance de pénétration que les plus somptueuses compositions de nos *paysagistes* de Paris ! Si vous voulez voir le jardin de la création, n'allez pas au bout du monde. Il y en a dix mille en France dans des endroits où personne n'a affaire ou dont personne ne s'avise. Cherchez, vous trouverez !

Mais si vous voulez voir le jardin *décoratif* par excellence, vous l'aurez à Paris, et disons bien vite que l'invention en est ravissante. C'est du décor, pas autre chose, prenez-en votre parti, mais du décor adorable et merveilleux. La science et le goût s'y sont donné la main; inclinez-vous, c'est un jeune ménage.

Le monde végétal exotique qui, peu à peu, nous a révélé ses trésors, commence à nous inonder de ses richesses. Chaque année nous apporte une série de plantes inconnues dont plusieurs enrichissaient sans doute déjà les herbiers et troublaient les notions des classificateurs éperdus, mais dont nous ignorions le port, la couleur, l'aspect, la vie enfin. Les nombreuses serres de la ville de Paris possèdent un monde de merveilles qui s'accroît sans cesse, et où d'habiles et savants horticulteurs naturalistes peuvent s'initier aux secrets de la conservation et de la reproduction propres à chaque espèce. Je n'oublierai jamais ce que j'ai vu là comme dans un rêve des *Mille et une Nuits*. Mais ce sanctuaire est fermé au public, qui en est dédommagé par l'arrangement exquis que, dans des espaces libres de gradins et de vitraux, ces maîtres jardiniers-botanistes savent donner aux élèves sortis de leurs mains. Ces élèves sont devenus robustes et luxuriants quand ils les livrent à la décoration des palais, des squares et des jardins publics. Déjà ils ont mis en plein air, durant l'été, d'admirables végétaux qui n'avaient orné encore que les grandes serres vitrées dites *jardins d'hiver*. Ils ont étudié le tempérament de ces pauvres exotiques qui végétaient perpétuellement dans une chaleur factice; ils ont découvert que les uns, réputés délicats, avaient une vigueur toute rustique, tandis que d'autres, plus mystérieux, ne supportaient pas sous notre ciel des froids aussi intenses que ceux qu'ils endurent patiemment sur leur terre natale. Mais, comme les animaux, les végétaux sont susceptibles d'éducabilité, et un moment viendra, je n'en doute pas, où plus d'un qui se fait prier pour vivre chez nous, produira des fruits ou des rejets de bonne volonté [1].

1. La géothermie ou manière de chauffer les terrains avec des briques et autres moyens artificiels, est une ingénieuse découverte récente; l'hydrothermie ou arrosage à l'eau chaude est due à M. André, auteur d'excellents travaux scientifiques et pratiques.

Nous aurons donc gratis sous les yeux, à toute heure de la belle saison, des formes tropicales, peut-être des fougères arborescentes, déjà faciles à transporter en serre malgré leur âge respectable de plusieurs centaines de siècles, des orchidées splendides, des lataniers colosses, des fûts de colonnes végétales dont la vieillesse semble remonter à l'âge de la flore des houillières, des feuilles sagittées de dix mètres de longueur qui ont l'air de descendre d'une autre planète, des feuillages colorés dont l'éclat effacera celui des fleurs, des graminées plus semblables à des nuages qu'à des herbes, des mousses plus belles que le velours de nos fabriques, des parfums inconnus aux combinaisons de la chimie industrielle, enfin de gigantesques herbiers vivants mis à la portée de tout le monde.

Arrêtons-nous ici; rêvons un peu, puisque, le premier étonnement passé et la première admiration exprimée, nous voilà emportés par l'imagination dans les mondes lointains, dans les îles encore désertes, dans les solitudes ignorées d'où le naturaliste courageux et passionné nous a rapporté ces trésors au péril de sa vie. En fait de périls il ne faut pas parler seulement des caprices de la mer, du venin des crotales, du nuisible appétit des animaux sauvages et des cannibales indigènes, dont certains sont friands de chair blanche à la sauce tomate; les plantes elles-mêmes ont parfois des moyens de défense plus prompts et plus directs, à preuve la belle ortie que nous avons vue toute couverte naturellement d'une buée argentée, visqueuse, qu'on peut toucher, mais toute fournie en-dessous de poils à fleur de pourpre, dont le moindre contact avec la peau donne la mort.

Rassurez-vous ; celle-là ne sortira pas de sa prison de verre. Nous errons donc à quelques milliers de lieues du parc de Monceaux ou des jardins décoratifs qui bientôt doivent, dit-on, le surpasser. La riche décoration qui nous environne ne peut nous faire illusion longtemps : trop de contrées diverses, trop de pays très-différents et très-éloignés les uns des autres ont contribué à cette ornementation fabuleuse qui se présente là comme un résumé artistique de la création. Nous courons nécessairement de l'un à l'autre sur les ailes de l'intuition, et, frappés, honteux de la quantité de choses que nous ignorons encore, nous sommes pris du désir de voyager pour apprendre, ou d'apprendre pour voyager avec plaisir et avec fruit.

Croit-on que cet instinct de curiosité, éveillé dans des tempéraments aussi légers et aussi paresseux que ceux de la population parisienne, ne soit pas une véritable découverte faite par le progrès à son propre bénéfice? Le progrès n'y a pas songé : il est de sa nature de marcher un peu comme le distrait dont j'ai fait l'apologie, sans savoir où il va. Ou bien il cherche une chose et il en trouve une autre, et longtemps il la tient dans ses mains par caprice, par mode ou par désœuvrement, sans savoir à quoi elle est bonne. Un matin, le goût des fleurs s'empare de lui et entre comme un élément essentiel dans la civilisation. On veut des tulipes d'un prix exorbitant; un autre jour, on s'avise de la beauté des feuillages, et on demande des feuillages aux quatre coins du monde.

Pendant une saison, on veut des aroïdées et pas autre chose ; un peu plus tard, il ne faut parler que de fougères ou de bégonias tachetés. Enfin, au bout d'un certain temps, il se trouve que la mode a formé et répandu partout un musée d'histoire naturelle très-beau, très-précieux, à la portée de presque toutes les bourses, à la merci de tous les regards. Le progrès du luxe a travaillé pour celui de la science. L'art s'en est mêlé puissamment. Il a éduqué l'œil du public en lui montrant des groupes où la grâce a présidé au choix des formes et à l'arrangement des masses. Le populaire qui passe apprend les secrets de la lumière et ce que signifie en réalité le mot *couleur* et celui d'*effet*. Des masses de papyrus percent le gazon et cachent sous leurs tiges pressées le baquet où plongent leurs racines. (Je me rappelle le temps où l'on me disait que ces plantes ne pouvaient vivre que dans les eaux limpides et courantes de la fontaine Aréthuse.) Le passant apprend l'emploi ancien du papyrus, et de là lui viennent mille notions sur le passé, depuis ces premiers essais jusqu'à ceux de toutes les matières végétales qui peuvent remplacer le *chiffon*, déjà si cher et si rare, bientôt introuvable. Mille autres plantes éveillent les notions géographiques, d'où découlent toutes les autres notions scientifiques, sociales, économiques, historiques, religieuses, politiques, industrielles. Voilà l'enfant du peuple initié au besoin de connaître, de trouver et d'agir, par le frère oublieux de la misère, par le luxe! La France n'est pas encore assez riche pour donner l'instruction gratuite; des millions sont dépensés en détail pour la donner indirectement : n'y a-t-il pas là de quoi rêver?

Voilà pourquoi, chers provinciaux, le peuple de Paris est ou devient si vite plus vivant que vous-mêmes. Il n'a pas votre santé, ni même votre activité soutenue; il est *badaud;* il perd beaucoup de temps, il se distrait pour une mouche. Les fortunes qui se font chez vous viennent pourtant s'engloutir dans cette vie intense du doux Paris au teint pâle qui vous absorbe et vit plus longtemps que vous.

À qui la faute? A vous qui, dans vos petites villes, ne savez pas ou ne voulez pas organiser le *luxe pour tous*. Déjà les grands centres suivent le bon exemple : suivez-le dans les petites localités, et puisque vous ne faites pas des écoles gratuites, faites des jardins, faites des théâtres, donnez des concerts, des fêtes, ayez des musées. Il n'est si petit coin qui ne puisse fournir des matériaux intéressants et relativement complets pour toutes ces choses. Portez chez vous le sentiment de ce que vous aurez vu de beau et de bon à Paris.

Quitterons-nous les jardins décoratifs sans rêver auprès des délicieux bibelots hydrauliques qui jouent maintenant un si grand rôle dans nos *embellissements*? L'eau, clarifiée par le mouvement précipité, est toujours une musique et une lumière dont l'art ne peut rompre le charme. L'insoumise par excellence peut modifier son allure, mais elle garde son éclat et sa voix.

J'ai vu des artistes naturalistes véritablement furieux contre ces jouets ruineux qui prétendaient leur rappeler la nature, et qu'ils traitaient de puériles et monstrueuses contrefaçons. « Qu'on nous apporte, disaient-ils, les puits de roches et de verdure de Tivoli avec leurs tourbillons d'eau impétueuse, ou que l'on nous rende les tritons souffleurs de Versailles, les concerts hydrauliques des jardins de Frascati, toutes les folies du rococo, plutôt que ces grottes postiches et ces cascades menteuses. C'est fausser toutes les notions du vrai, toutes les lois du goût, tout le sentiment d'une génération que l'on prétend rendre artiste et savante! » Ils étaient indignés et nous n'avons pu les calmer.

Partagerons-nous leur colère? Non, il y a entre le réel et le convenu, entre l'art et la nature, un milieu nécessaire à la jouissance sédentaire du grand nombre.

Combien de pauvres citadins n'ont jamais vu et ne verront jamais les sites pittoresques de l'Espagne, de la Suisse et de l'Italie, et les enchantements de la perspective particulière aux grands accidents de la montagne et de la forêt, du lac et du torrent, qu'à travers les fictions de nos théâtres et de nos jardins! Il est impossible de leur en présenter des spécimens réels; il faut se borner à copier un détail, un recoin, un épisode. Je ne puis vous apporter l'Océan, contentez-vous d'un récif et d'une vague. Ce détail ne gagnerait rien à centupler à prix d'or ses proportions déjà notables; il ne serait pas plus vrai. Tout ce que l'on peut nous demander, c'est de le faire joli; et, sous ce rapport, nos jouets hydrauliques sont sans reproche. Jadis, ils étaient bien plus coûteux et ils nous transportaient dans un monde mythologique de marbre ou de bronze, qui ne réalisait pas davantage le style antique de la poésie, des jardins et des temples grecs. Ils ont formé longtemps un style à part, tout de fantaisie, qui a bien son charme, mais qu'il faut laisser où il est. Apollon et ses nymphes, Neptune et Amphitrite n'ont plus rien à nous dire, à moins qu'ils ne nous parlent de Louis XIV et de sa cour, que nous ne comptons pas recommencer. La pensée de notre époque vise à nous faire aimer la nature,

Le romantisme nous a débarrassés des fétiches qui ne nous permettaient pas de la voir, de la comprendre et de l'aimer pour elle-même. Ce que nous voulons apprendre aujourd'hui à nos enfants, c'est que la grâce est dans l'arbre et non dans l'hamadryade qui l'habitait jadis; c'est que l'eau est aussi belle sur le roc que dans le marbre; c'est que *l'affreux* rocher lui-même a sa physionomie, sa couleur, sa plante chérie dont les enroulements lui font une tenture merveilleuse; c'est que les rocailles n'ont pas besoin de symétrie et de revêtement de coquilles : il ne s'agit que d'imiter, avec une habileté amoureuse du vrai, leurs dispositions naturelles et leurs poses monumentales, aisées ou fantasques. Plus tard, si nos enfants voient comment la vraie nature procède, ils ne la goûteront que mieux, et ils se rappelleront les rocailles de Longchamps, de Monceaux et des buttes Chaumont comme on se rappelle avec plaisir et tendresse la petite plante grêle que l'on a cultivée sur sa fenêtre, et que l'on voit, puissante et grandiose, s'épanouir dans sa patrie.

Quittons les jardins décoratifs. Ce soir, tout en rêvant, nous irons peut-être à l'Opéra ou à quelque ballet des théâtres de féeries; nous y verrons les fantastiques effets de la lumière électrique, créer sous nos yeux une nature de convention bien autrement infidèle que celle des jardins, éclairés, du moins, d'un vrai soleil ou d'une vraie lune. Est-ce à dire qu'il faille proscrire ces splendides illuminations de la peinture? Je protesterais, je l'avoue. Cette lumière colorée si intense m'emporte plus loin encore que la vue des plantes exotiques. Elle me fait monter jusqu'à ces autres mondes, où des astres, éblouissants et en plus grand nombre que dans le nôtre, embrasent de leurs rayonnements des paysages indescriptibles.

TABLE

	Pages
LA COUPE	1
LUPO LIVERANI	113
LE TOAST	119
GARNIER	133
LE CONTREBANDIER	261
LA RÊVERIE A PARIS	299

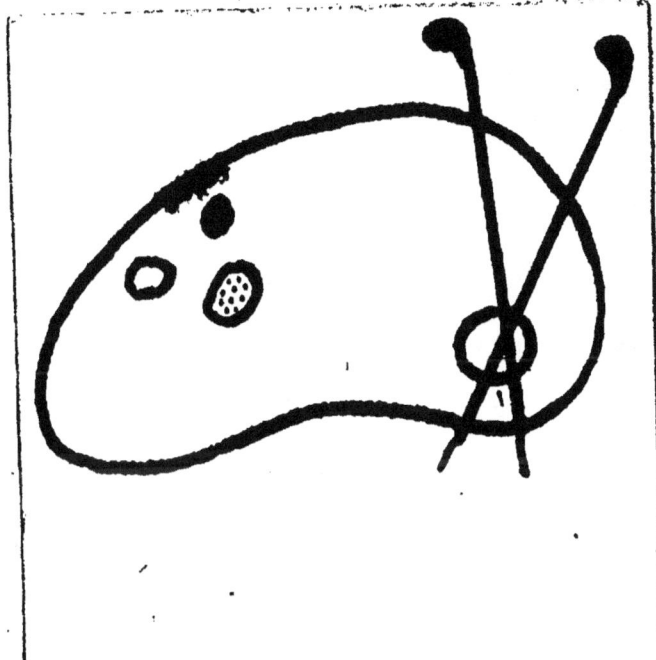

Début d'une série de documents en couleur

Absence de pagination ou de foliotation

SAINT-RAPHAËL

C'est que la nature a des moyens de préparation et des secrets jusqu'auxquels ne saurait atteindre la chimie et qui fournissent à l'art de guérir, des agents bien plus efficaces que...

S'il fallait citer tous les éminents praticiens qui ont préconisé l'usage du vin tannique de Saint-Raphaël, nous aurions à nommer toutes les illustrations médicales de France. L'autorité naturelle en ces matières, c'est évidemment celle du professeur d'hygiène à la Faculté de médecine de Paris. Voici en quels termes s'exprime ce savant académicien :

« Depuis plus de trente ans, le vin tannique de Bagnols-
» Saint-Raphaël est prescrit exclusivement comme tonique
» et reconstituant aux malades, aux convalescents admis
» dans les hospices de la ville de Paris.
» Il est employé dans les formes les plus variées de l'ané-
» mie, la chlorose, les anémies de la goutte chronique, de
» l'alimentation mal réglée, de la grossesse, de la vieillesse,
» des fièvres hectiques qui minent sourdement l'écono-
» mie, etc., etc. Il est surtout efficace pour relever les
» forces abattues par la maladie et par les digestions labo-
» rieuses et difficiles. A ces points de vue, aucun cordial
» ne doit être placé au-dessus de ce vin tannique et corro-
» borant.

» Tous les médecins des hôpitaux, parmi lesquels
» citerai mes maîtres et mes amis, Chomel, Rostan, Réquin,
» Grisolle, Trousseau, etc., prescrivaient journellement
» ce vin, et en obtenaient les meilleurs résultats. » (Bou-
chardat, professeur à la Faculté de médecine, formulaire magistral, 19ᵉ Édition, page 179.)

L'usage du vin de Saint-Raphaël détermine l'équilibre des fonctions, et, par cela même, peut prolonger l'existence au-delà des limites ordinaires.

C'est que la nature a des moyens de préparation et des secrets auxquels ne saurait atteindre la chimie et qui fournissent à l'art de guérir, des agents bien plus efficaces que ceux de l'alambic et du creuset. Or, entre les vins de quinquina sortant du laboratoire, et le vin tannique de Saint-Raphaël qu'on peut appeler un vin de quinquina naturel, il existera la même différence qu'entre un vin fabriqué et un vin naturel.

Le vin de Saint-Raphaël l'emporte sur le vin de quinquina par sa saveur agréable. Pour les malades et les gourmets, il n'est pas de vin de dessert qui puisse lui être préféré.

C'est en terminant chaque repas qu'on prend un demi-verre à Bordeaux de ce vin corroborant. Dans les pays froids ou brumeux, cette même dose, prise le matin à jeun, préviendra les nombreuses indispositions qui sont le cortége ordinaire de l'hiver.

Le Vin de Saint-Raphaël est un Vin fortifiant, digestif. C'est un tonique reconstituant d'un goût excellent. Plus efficace pour les personnes affaiblies, que les ferrugineux, les quinas. Il est prescrit dans les fatigues d'estomac, la chlorose, l'anémie, les convalescences. etc., etc.

Renseignements : Détail : toutes les pharmacies, 3 fr. la bouteille.

Gros : Expédition franco en gare destinataire, par caisse de 7 bouteilles, 20 fr.; 12 bouteilles, 35 fr.; 25 bouteilles, 70 fr.

Il suffit d'adresser un mandat sur la poste ou des billets de banque, A LA COMPAGNIE DU VIN DE SAINT-RAPHAËL A VALENCE (DRÔME).

EAUX MINÉRALES DE VALS

Les **Eaux de Vals** doivent à leur basse température et à leur richesse en acide carbonique, de posséder une stabilité qui leur permet de subir les transports les plus longs, sans éprouver la moindre altération. L'expérience de chaque jour, et mille fois répétée, démontre que ces Eaux sont aussi efficaces à cent lieues de distance qu'à leur point d'émergence.

SAINT-JEAN

Cette source est fort agréable au goût. Sa faible minéralisation et les proportions heureuses qui la distinguent en font une Eau qui rend des services réels dans les affections des voies digestives (pesanteur d'estomac, inappétence, gastralgie, dyspepsie, vomituration), dans les flatuosités abdominales, les métrites chroniques, etc. C'est la moins excitante de toutes les sources de Vals, et celle qui convient le mieux aux personnes délicates, nerveuses ou prédisposées aux congestions et aux hémorrhagies.

PRÉCIEUSE

Cette Eau, d'une minéralisation plus forte que la précédente, est la plus gazeuse des sources de Vals. Son usage est d'un effet puissant dans les dyspepsies, gastralgies, maladies de l'appareil biliaire (engorgement du foie et de la rate, obstructions viscérales, calculs épatiques, jaunisse, etc.)

DÉSIRÉE

La source *Désirée* est la plus riche en magnésie; elle est souveraine contre les maladies des reins, et les dyspepsies acides. Elle détruit les dispositions à la constipation, et possède de véritables propriétés dans les affections biliaires, les coliques néphrétiques, diabète, sciatique, albuminurie.

T. S. V. P.

RIGOLETTE

La notable proportion de fer que contient cette Eau la fait considérer, par le corps médical, comme la source alcaline gazeuse la plus utile dans l'appauvrissement alcalin et ferrugineux du sang et des humeurs (chloro-anémie ou pâles couleurs, hystérie, lymphatisme, marasme, fièvres consomptives, etc.), débilité, épuisement des forces.

LA MAGDELEINE

C'est la plus minéralisée des sources sodiques connues en France. L'usage de cette eau est particulièrement favorable dans les maladies du tube intestinal : gastralgie, gastrite chronique, et dans les affections du système nerveux : diabète, albuminurie.

Cette eau, fortifiante et sédative, est éminemment bienfaisante dans les affections de la goutte et du rhumatisme.

DOMINIQUE

Cette source n'a aucune analogie avec les précédentes. Sa composition est unique en Europe. Elle est arsénicale, ferrugineuse et sulfurique. On l'emploie avec succès pour combattre les fièvres intermittentes, les cachexies, les maladies de la peau, la dyspnée, l'asthme, le catarrhe pulmonaire, et surtout dans la chlorose, l'anémie, l'épuisement des forces, la débilité.

Les Eaux des six sources de Vals se transportent sans subir la plus légère altération ; or, quand une eau minérale peut être conservée longtemps sans altération, et malgré les transports les plus lointains, on est en droit, à quelle distance des sources qu'on la prenne, d'en attendre d'aussi bons effets qu'à la station thermale même.

Le chiffre d'expédition dans l'intérieur de la France dépasse deux millions de bouteilles.

Les Eaux de ces sources sont *très-agréables à boire pures et surtout à table avec le vin.* La dose ordinaire est d'une bouteille par jour.

Les emballages sont de 24 et 50 bouteilles, au prix de 15 et 30 francs, à Vals.

Pour les demandes d'expéditions, il suffit de s'adresser à la Société Générale des Eaux, a Vals (*Ardèche*). Très-important de mettre correctement l'adresse.

SOCIÉTÉ ANONYME
DES
ORGUES D'ALEXANDRE
PÈRE ET FILS
Capital : 1,500,000 Francs

106, RUE RICHELIEU, 106

ORGUES POUR SALONS, ÉGLISES, CHAPELLES, ETC.
Depuis 75 fr. jusqu'à 4 000 fr.

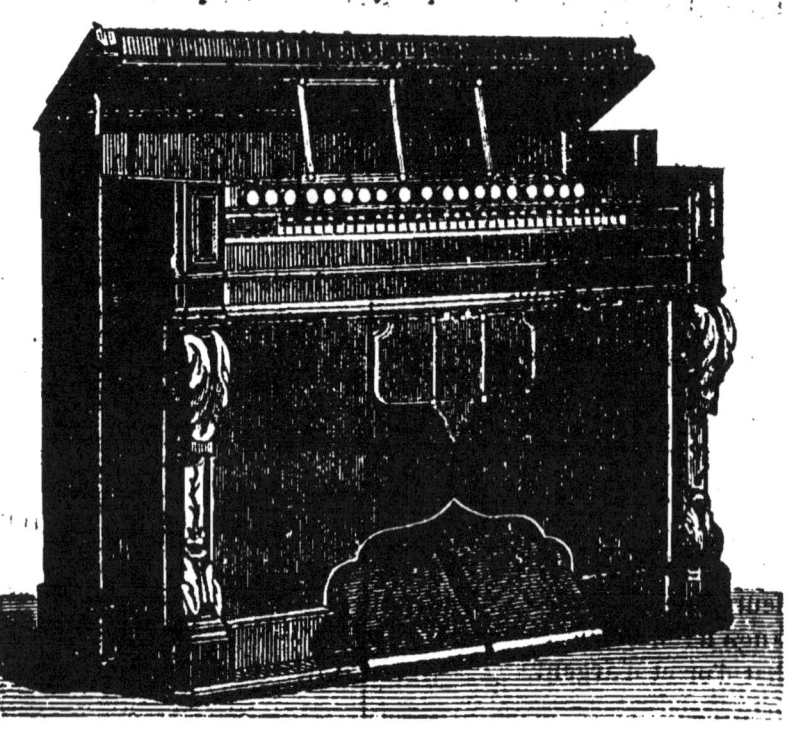

ORGUES DE LUXE

ORGUES A PERCUSSION	ORGUES TRANSPOSITEURS
POUR SALONS	POUR CHAPELLES

Nouveau modèle de Chœur, 4 octaves, 75 francs

106, RUE RICHELIEU, PARIS
— ENVOI FRANCO DE CATALOGUES —

PARIS

Indications gratuites d'Appartements Meublés et non Meublés

A LOUER

JOHN ARTHUR & Cie

Agents des Ambassades d'Angleterre et d'Amérique

BANQUE ET CHANGE

10, Rue Castiglione, 10

PARIS

Maison fondée depuis 50 Années

BANQUE ET CHANGE

Escompte et Encaissement de toutes valeurs pour l'Angleterre et le Continent.

Remise de Lettres de Crédit.

Comptes-Courants avec intérêts sur dépôts.

Vente et Achat de fonds publics et valeurs industrielles.

Change de monnaies.

Achat d'or et d'argent.

VENTE ET ACHAT DE PROPRIÉTÉS

Bureaux spéciaux pour la Vente et l'Achat de propriétés dans Paris et toute la France.

COMMISSION ET TRANSIT

Toutes espèces de marchandises, Meubles, Objets d'art, Bronzes, etc., achetés au prix du gros, avec économie à l'acheteur de 20 à 30 p. 0/0.

Réception et expédition de Marchandises pour tous pays. — Magasinage.

AGENCE DE LOCATIONS

Appartements meublés et non meublés, Maisons de campagne, Chasses, etc., à louer.

VINS FRANÇAIS ET ÉTRANGERS

Grand assortiment de premiers crûs de Bordeaux, de Xérès, Madère, Porto et Vins de Sicile.

Bières Anglaises.

Liqueurs.

Vins du Rhin, etc.

24ᵉ ANNÉE

L'INDUSTRIE

Journal des Chemins de Fer

DU CRÉDIT FONCIER DE FRANCE

ET DE TOUS LES GRANDS INTÉRÊTS DU PAYS

PARAISSANT TOUS LES DIMANCHES

(16 pages in-4°)

Études de toutes les grandes questions financières à l'ordre du jour, — Revue politique et financière de la semaine ; — Appréciations des valeurs ; — Marché en Banque ; — Correspondances financières des divers marchés d'Europe ; — Bilans de la Banque de France et des Sociétés de crédit ; — Comptes rendus des assemblées d'actionnaires ; — Rapports officiels des Compagnies ; — Avis et Annonces des Compagnies ; — Tableaux des cours ; — Recettes des chemins de fer ; — Listes officielles des tirages.

Charles ROPIQUET, Rédacteur en Chef

Vente et achat de toutes valeurs, au comptant et à terme, sans commission autre que le courtage de l'agent de change. Reports. Payement de coupons. Renseignements aux abonnés, soit verbalement, soit par correspondance.

ABONNEMENTS :

Paris.......	Un an.	**10** fr.	Six mois.	**6** fr.
Départements..	—	**12** »	—	**7** »
Étranger.....	—	**16** »	—	**9** »

Envoyer mandat-poste, coupons échus ou effet à vue sur Paris à l'ordre du Rédacteur en Chef.

Bureaux : 62, rue Neuve-des-Petits-Champs, à Paris

EXPOSITION INTERNATIONALE
Palais de l'Industrie

ÉLIXIR ET POUDRE
DENTIFRICES
DU Dr JOHN EVANS

Entrepôt général, rue d'Enghien, 11, à Paris

La multiplicité des eaux et des poudres que la Parfumerie fabrique aujourd'hui rend très difficile la bonne appréciation des produits dentaires. Cependant, rien n'est plus important ni plus délicat que l'emploi de ces deux préparations qui, selon qu'elles ont été l'objet de soins préalables, peuvent donner aux gencives la fermeté, aux dents l'éclat, à la bouche la fraîcheur, ou tout au contraire compromettre la solidité et l'émail des dents.

*L'éloge n'est plus à faire de la **Poudre** et de l'**Élixir** du Docteur JOHN EVANS pour les personnes qui en ont fait usage.*

*L'**Élixir** parfume l'haleine, fortifie les gencives et leur rend aussi leur teinte naturelle rosée.*

*Point très-important : — Les affections les plus délicates de la bouche résultant de l'emploi de médicaments violents, sont neutralisées par l'usage quotidien de cet **Élixir**.*

*La **Poudre** a pour mission spéciale de prévenir le mal, ce qui vaut mieux que d'avoir à le guérir.*

*Toute carie des dents a deux causes : l'acidité et l'impureté. Elles sont annihilées par l'emploi journalier de l'**Élixir** et de la **Poudre**, qui sont à la fois anti-acide, purifiants et tonifiants.*

Ces produits ressortent plus de la science médicale que de la parfumerie, quoique d'un parfum très-agréable. D'ailleurs les deux groupes de l'Exposition Parisienne (1875), Hygiène et Parfumerie, leur ont décerné la MÉDAILLE D'OR.

Prix : — Élixir 5 fr. — Poudre 5 fr. — 50 fr la douz^{ne}.

Envoi d'essai, **FRANCO**, contre mandat poste.

Phthisie. Bronchite. Catarrhe.

GRANULES ET BAINS
SULFUREUX DITS SULFO-ACIDULES
DE THOMMERET-GÉLIS

Maladies de la peau.

Pour la préparation de l'Eau sulfureuse pour Boisson et Bains de Barèges

SULFUREUX ADMIS DANS LES HOPITAUX DE PARIS ET PRESCRITS PAR LES SOMMITÉS MÉDICALES

Ces produits remplacent complètement les eaux sulfureuses naturelles de Bonnes, Enghien, Barèges, etc., et sont d'un emploi plus facile et bien moins coûteux. Un granule contient les éléments d'un verre d'eau sulfureuse naturelle et se prend comme pilule ou en solution. — Le flacon de 50 granules pour 50 verres, 2 fr. franco par la poste. Bains : le flacon, 1 fr.; les six flacons, 5 fr.

« Si l'on veut se rapprocher, autant que possible, de la composition des eaux sulfurées sodiques des Pyrénées, on doit adopter le sulfhydrate de sulfure de sodium, comme l'a fait judicieusement M. Thommeret-Gélis. »

(BOUCHARDAT)
Professeur d'hygiène à la Faculté, membre de l'Académie de Médecine etc.

PULVÉRISATEURS DEPUIS 12 fr. — INHALATEURS, 4 fr.

GLOBULES ALLOUIN
à l'Essence d'EUCALYPTUS (Eucalyptol)

L'Essence d'Eucalyptus globulus est employée depuis plus de cinq années par le professeur GUBLER, qui a expérimenté les Globules ALLOUIN, et en a obtenu les meilleurs résultats dans le traitement des affections aiguës et chroniques des voies respiratoires.

Le flacon, 4 fr.; le demi-flacon, 2 fr. 25

On trouve sous le cachet ALLOUIN, tous les produits tirés de l'*Eucalyptus globulus* et entre autres le *Sirop pectoral anticatarrhal à l'Eucalyptus*.

Le flacon, 2 fr. 50

Le plus agréable apéritif

SHERRY-KINA

Le meilleur tonique

Vin de quinquina préparé avec le Xérès, de la marque
CALVAIRAC A. G. C., DE SÉVILLE
Ex-Fournisseur de S. M. la Reine d'Espagne

Prix pour la France, 4 fr. la bouteille; les 6 bouteilles, 21 fr.

Le SHERRY-KINA est le Vin de Quinquina auquel la grande MAJORITÉ des médecins d'hôpitaux, des professeurs de la Faculté et des membres de l'Académie de médecine donne aujourd'hui la préférence. Cette préférence s'explique en ce qu'il offre TOUTES LES GARANTIES qu'on cherche vainement dans les produits de ce genre, où L'ON NE SACRIFIE QUE TROP SOUVENT LES QUALITÉS SI ESSENTIELLES SOIT DU VIN, SOIT DU QUINQUINA (quelquefois même de tous les deux), AUX BÉNÉFICES DE LA SPÉCULATION. (Voir *Guide des eaux minérales*, du docteur CONSTANTIN JAMES, 7e édition.)

AVIS IMPORTANT. — On trouve dans la même maison le **SHERRY-COCA**, Vin de Coca du Pérou, préparé avec le **Xérès** marque CALVAIRAC.

Le **SHERRY-COCA** s'emploie comme tonique, nutritif, stomachique, à la dose du **Sherry-Kina**. — Les propriétés bienfaisantes de la **Coca du Pérou** sont du reste bien connues.

Prix : 4 fr. la bouteille; les 6 bouteilles, 21 fr.

Vins d'Espagne de la marque CALVAIRAC A. G. C., de Séville.

DÉPÔT GÉNÉRAL DE TOUS CES PRODUITS; (ENVOI EN PROVINCE).

PHARMACIE **THOMMERET-GÉLIS**, EX-INTERNE DES HOPITAUX
Paris, 32, faubourg Montmartre, à l'angle de la rue Richer
ET DANS TOUTES LES PHARMACIES

Médaille de Mérite à l'Exposition de Vienne 1873

EAU ET POUDRES DENTIFRICES

DU

Docteur PIERRE

De la Faculté de Médecine de Paris

Paris — 8, place de l'Opéra, 8 — Paris

 EXIGER LA MARQUE DE FABRIQUE

DÉPOTS

A Londres — Bruxelles — Hambourg — Saint-Pétersbourg
Moscou — Bucharest

FABRIQUE GÉNÉRALE FRANÇAISE
DE
MACHINES ET INSTRUMENTS D'AGRICULTURE
PELTIER Jne ✱

10, Rue Fontaine-au-Roi, 10, Paris

Exposition et Concours

4 Prix d'honneur et **560** Médailles

CHARRUES, HERSES, ROULEAUX
EXTIRPATEURS
SCARIFICATEURS, SEMOIRS
HOUES, FAUCHEUSES
MOISSONNEUSES, FANEUSES
RATEAUX, ETC.
—
JARDINAGE
CULTURE DE LA VIGNE

BATTEUSES, TRIEURS
MANÈGES et MACHINES A VAPEUR
HACHE-PAILLE, CONCASSEURS
COUPE-RACINES, LAVEURS
ÉGRENOIRS A MAIS, RAPES
MOULINS A FARINES
AUGES ET RATELIERS
SCIES CIRCULAIRES ET A RUBAN

POMPES de toutes sortes et pour tous usages
Installation de FERMES et d'USINES. — Machines sur plans

ÉTABLISSEMENT DE
DISTILLERIES & FÉCULERIES

Outils spéciaux pour CULTURE ÉTRANGÈRE : Cafés, Riz, Cannes à sucre, etc.

A LA REINE DES FLEURS

L.-T. PIVER
PARIS

Véritable Savon au Suc de Laitue L.-T. PIVER
(Le meilleur des Savons de toilette)

PARFUMERIE FASHIONABLE A L'OPOPANAX

LAIT D'IRIS
Pour la fraîcheur, l'éclat et la beauté du teint.

PARFUMERIE SPÉCIALE A BASE DE LAIT D'IRIS

VÉRITABLES
PILULES DE BLANCARD

A L'IODURE DE FER INALTÉRABLE

On trouve dans le commerce de fausses **Pilules de Blancard** qui, d'après l'analyse faite par un Chimiste distingué, M. Personne, sont bien loin de contenir la dose réglementaire de leur principe actif : l'Iodure de fer.

Comme preuve d'authenticité des **véritables Pilules de Blancard**, approuvées par l'Académie de Médecine de Paris et par la haute Commission médicale chargée de rédiger notre nouveau Formulaire officiel, le Codex, exiger notre signature ci-dessous, apposée au bas d'une étiquette verte :

PHARMACIEN,
rue Bonaparte, 40
A PARIS

N. B. — Ces Pilules s'emploient surtout contre **la faiblesse de constitution**, pour rendre au sang sa richesse, son abondance naturelles, et pour en régulariser le cours périodique, etc., etc.

SE DÉFIER DES CONTREFAÇONS

PRODUITS SPÉCIAUX
DE LA
MAISON FUMOUZE - ALBESPEYRES
FOURNISSEUR DES HOPITAUX MILITAIRES
PARIS, 78 & 80, faubourg Saint-Denis, PARIS

PAPIER ÉPISPASTIQUE D'ALBESPEYRES — admis dans les hôpitaux militaires sur l'avis du Conseil de santé — recommandé depuis 60 ans par les sommités médicales.

PAPIER ET CIGARES ANTI-ASTHMATIQUES DE Bⁱⁿ BARRAL. Ces préparations sont journellement employées dans le traitement de l'ASTHME, de la BRONCHITE et du CATARRHE pulmonaire. — Elles guérissent l'OPPRESSION qui constitue l'un des symptômes dominants des maladies de poitrine.
Envoi FRANCO contre 3 fr. en timbres-poste.

CATAPLASMES-COMPRESSES JOUANIQUE. Simples, à l'amidon, au quinquina, à l'arnica. Préparés avec une substance INALTÉRABLE jouissant de toutes les propriétés de la farine de graine de lin sans en présenter les inconvénients. Ils s'appliquent très-facilement et leur légèreté permet de les employer dans tous les cas où le poids du cataplasme est difficilement supporté par les malades.
Envoi FRANCO contre 2 fr. en timbres-poste.

EAU DENTIFRICE
ET POUDRE DU DOCTEUR
J. V. BONN

Supériorité constatée par sa Récompense
à l'Exposition de Paris 1867
Efficacité, Élégance, Économie 40 0/0
A Paris, 44, rue des Petites-Écuries
ET DANS TOUTES LES MAISONS DE PARFUMERIE
PARIS, PROVINCE, ÉTRANGER

AUX FUMEURS
PLUS DE CACHOU !
LA BONBONNIÈRE MÉCANIQUE ARGENTÉE
Contenant **120** perles : 0.**75** c. en France
Chez Marchands de Tabac, Confiseurs, Pharmaciens

Envoi franco en France
la boîte de 10 Bonbonnières, au reçu de **7** fr. **50**
ENVOYÉS A MM. V. ACHARD ET Cie, FABRICANTS
44, rue des Petites-Écuries, à Paris

DÉPOT, VENTE, EXPÉDITION
77, rue Saint-Lazare, 77

Dégustation à 25 centimes.

QUALITÉ SANS RIVALE

Cette liqueur est précieuse à tous les âges. — L'enfance y trouvera le développement de son intelligence et la régularisation de la croissance. — La jeunesse, la conservation de la beauté, de la grâce et de la souplesse, ces dons précieux de la nature, si fugitifs jusqu'ici; l'âge mûr, un préservatif certain contre *dispepsie, rhumatismes, goutte, gravelle, diabète, attaques d'apoplexie, etc.*, maladies perfides, toujours cachées sous l'oreiller de l'homme en apparence le mieux portant; enfin la vieillesse, presque toujours anticipée, une régénération précieuse.

Quant à ceux qui souffriraient déjà de ces cruelles maladies, nous les engageons à s'adresser au Docteur **BARDENET**, rue de Rivoli, 100.

Sa nouvelle médication lui donne journellement les plus heureux résultats.

L'exécution de ses ordonnances est confiée à **M. SALMON**, pharmacien, rue Saint-Lazare, 70.

Ont été décernés aux Expositions de 1872-73-74, à

CRESPIN Aîné

DE VIDOUVILLE (MANCHE)

DEMEURANT A PARIS, 11, 13 ET 15, BOULEVARD ORNANO

1° POUR SON GENRE DE

VENTE A CRÉDIT

RECONNU CRÉATION UTILE

2° Pour la bonne qualité de ses marchandises et la modicité des prix de tout ce qui concerne **Ménage, Toilette, Machines à coudre** de tous systèmes, **Horlogerie, Bijouterie, Bronze, Nouveautés, Confections, Chapellerie, Chaussures**, etc., etc.

On a **300** Magasins à choisir, on achète avec des Bons sans se faire connaître.

Premier Établissement de son genre, fondé en 1856

SUCCURSALE A VERSAILLES, 20, RUE DE LA PAROISSE

Pour traiter, venir ou envoyer une lettre affranchie, boulevard Ornano, 11, 13 et 15. — Un employé passera le jour indiqué. — Envoi de la brochure explicative. — En province, on ne traite qu'au comptant, sauf la MACHINE A COUDRE, que l'on y expédie à moitié payement.

La Machine à coudre **la Fidèle** est construite par les soins de la Maison Crespin aîné, qui, seule, en a la propriété. Cette Machine se recommande par sa supériorité et son bon marché. Le pied de biche monte et descend à volonté, ce qui permet de faire avec cette Machine les travaux les plus fins et les plus gros.

Toutes les Machines sont vérifiées et réglées par un 1er maître mécanicien de marine de 1re classe.

L'UNIVERS ILLUSTRÉ

Le plus grand des Journaux illustrés

ON S'ABONNE

CHEZ MICHEL LÉVY FRÈRES | A LA LIBRAIRIE NOUVELLE
RUE AUBER, 3 | BOULEVARD DES ITALIENS, 15

Et chez tous les Libraires de la France et de l'Étranger

PRIX DE L'ABONNEMENT

Un an (avec prime gratuite, | Six mois. . . . 11 fr. 50
pris au bureau). 22 fr. | Trois mois. . . 6 fr. »

LE NUMÉRO : 40 CENTIMES

Un numéro du journal, contenant le détail des nouvelles primes offertes gratuitement aux abonnés, sera envoyé franco à toute personne qui en fera la demande par lettre affranchie.

MICHEL LÉVY Frères, Éditeurs, rue Auber, 3
ET A LA LIBRAIRIE NOUVELLE, 15, BOULEVARD DES ITALIENS

M. GUIZOT

MÉMOIRES

POUR SERVIR

A L'HISTOIRE DE MON TEMPS

(Ouvrage auquel a été décerné par l'Institut le grand prix biennal de 1871)

DEUXIÈME ÉDITION

Huit beaux et forts volumes in-8°. — Prix : 60 fr.

Publicité dans les Volumes de la Maison Michel Lévy frères

M. Armand BAUDOUIN, PLACE DE LA BOURSE, 9

MICHEL LÉVY Frères, Éditeurs, rue Auber, 3
ET A LA LIBRAIRIE NOUVELLE, 15, BOULEVARD DES ITALIENS

ÉDITION DÉFINITIVE

ŒUVRES COMPLÈTES

DE

H. DE BALZAC

Avec un beau portrait sur acier par GUSTAVE LÉVY

ENVIRON 25 VOLUMES IN-8 CAVALIER

EN VENTE

SCÈNES DE LA VIE PRIVÉE. 4 vol.	30 »	THÉATRE COMPLET. 1 volume	7 50
SCÈNES DE LA VIE DE PROVINCE. 3 volumes	22 50	CONTES DROLATIQUES. 1 volume	7 50
SCÈNES DE LA VIE PARISIENNE. — 4 volumes	30 »	CONTES ET NOUVELLES. — ESSAIS ANALYTIQUES. 1 volume	7 50
SCÈNES DE LA VIE MILITAIRE. 1 v.	7 50	PHYS. ET ESQUISSES PARISIENNES. 1 volume	7 50
SCÈNES DE LA VIE POLITIQUE. — 1 volume	7 50	PORTRAITS ET CRITIQUE LITTÉRAIRE. — POLÉMIQUE JUDICIAIRE. 1 volume	7 50
SCÈNES DE LA VIE DE CAMPAGNE. 1 volume	7 50	ÉTUDES HISTORIQUES ET POLITIQUES. 1 volume	7 50
ÉTUDES PHILOSOPHIQUES. 3 vol.	22 50		

Il a été tiré, pour les bibliothèques et les amateurs, 200 exemplaires *numérotés* sur beau papier de Hollande, portant dans son filigrane la marque distinctive de l'édition.

Prix de chaque volume sur papier de Hollande : 20 fr.

Avec le dernier volume, les souscripteurs recevront le portrait de Balzac et le fac-simile de son écriture, tiré sur papier de Chine avant la lettre.

ŒUVRES

DE

J. MICHELET

GUERRES DE RELIGION. 3e édition. 1 volume in-8°	6 »	HIST. DU XIXe SIÈCLE. — ORIGINE DES BONAPARTE. 1 volume in-8°	6 »
HENRI IV ET RICHELIEU. 2e édition. 1 volume in-8°	6 »	PRÉCIS DE L'HIST. MODERNE. 1 volume in-8°	5 »
RICHELIEU ET LA FRONDE. 2e édition. 1 volume in-8°	6 »	L'AMOUR. 8e édit. 1 vol. gr. in-18.	3 50
LOUIS XIV ET LA RÉVOCATION DE L'ÉDIT DE NANTES. 3e édition. 1 volume in-8°	6 »	BIBLE DE L'HUMANITÉ. 2e édit. 1 volume gr. in-18	3 50
		LA FEMME. 8e édition. 1 volume gr. in-18	3 50
LOUIS XV (1724-1757). 1 volume in-8°	6 »	LES FEMMES DE LA RÉVOLUTION. 1 volume gr. in-18	3 50

CLIN & Cⁱᵉ
PARIS — 14, rue Racine — PARIS

PRODUITS RECOMMANDÉS

DRAGÉES
Du Docteur Rabuteau
Lauréat de l'Institut de France

Les expérimentations faites dans les Hôpitaux de Paris ont démontré que les **Dragées de Rabuteau** sont supérieures aux autres ferrugineux, dans l'*Appauvrissement du sang*, la *Chlorose*, l'*Anémie*, la *Débilité*, la *Convalescence*, l'*Épuisement*, pour fortifier les tempéraments faibles, et chaque fois qu'il est nécessaire d'augmenter le nombre de Globules rouges du sang.

Les **Dragées Rabuteau** ne donnent pas de constipation, et sont supportées par les personnes les plus délicates. La dose est de 2 Dragées, matin et soir, au moment des repas.

Prix : 3 fr. le Flacon. (Envoi franco contre timbres-poste.)

Élixir Rabuteau pour les personnes qui ne peuvent avaler les Dragées.
Sirop Rabuteau destiné spécialement aux enfants.

CAPSULES & DRAGÉES
Au Bromure de Camphre
Du Docteur Clin
LAURÉAT DE LA FACULTÉ DE PARIS. — PRIX MONTHYON.

Les **Capsules** et les **Dragées** du Dʳ Clin sont employées avec le plus grand succès dans les affections nerveuses en général, et surtout dans les maladies suivantes: **Asthme, Affections du cœur et des Voies respiratoires, Toux nerveuse, Spasmes, Coqueluche, Insomnie, Épilepsie, Palpitations nerveuses, Danse de Saint-Guy, Paralysie agitante, Tic nerveux, Névroses en général, Troubles nerveux** causés par des études excessives, **Maladies Cérébrales ou Mentales, Delirium Tremens, Convulsions, Vertiges, Étourdissements, Hallucinations**, et dans les **Excitations** de toute nature.

En résumé, les **Capsules** et les **Dragées** du Dʳ Clin sont recommandées toutes les fois que l'on veut exercer une action sédative et calmante sur tout le système nerveux.

Prix du Flacon de **Capsules** *du* Dʳ Clin : **5** *francs.*
— **Dragées** *du* Dʳ Clin : **5** —

NÉVRALGIES. Les **Pilules du Dʳ Moussette** calment et guérissent les névralgies les plus rebelles, même celles ayant résisté aux autres traitements.

Prix 3 francs. (Envoi franco contre timbres-poste.)

MAL DE DENTS. Les **Gouttes Japonaises de Mathey-Caylus** calment à l'instant le Mal de Dents le plus violent, et en empêchent le retour en détruisant la carie.

Prix : 2 fr. 50 c. (Envoi franco contre timbres-poste.)

DÉTAIL : 10, CARREFOUR DE L'ODÉON ET LES PHARMACIES.

MACHINES A COUDRE
VÉRITABLES "SINGER"
De New-York

LES SEULES NE SE DÉRANGEANT JAMAIS
RECONNUES LES MEILLEURES POUR FAMILLES & ATELIERS

AGRANDISSEMENT DES USINES
PRODUISANT ACTUELLEMENT 30 000 MACHINES PAR MOIS

RÉDUCTION DE PRIX

Remise au comptant 10 p. 100 — **PRIX 175 FR.** — Apprentissage gratuit à domicile

(AVEC GUIDES ET ACCESSOIRES)
Payable 3 francs par semaine
SANS AUGMENTATION DE PRIX

Exiger le nom "SINGER" dans la marque de fabrique

Toute machine ne portant pas la marque ci-contre est contrefaçon

Seule maison à PARIS, 94, Boulevard Sébastopol.
MAISONS SUCCURSALES :

LYON, 58, rue de l'Hôtel-de-Ville. — MARSEILLE, 39, rue Paradis. — LILLE, 9, rue Nationale. — BORDEAUX, 99, rue Sainte-Catherine. — ROUEN, 23, rue de la Grosse-Horloge. — BESANÇON, 73, Grande-Rue. — LIMOGES, 9, rue Saint-Martial.

Dépôts dans toutes les villes de France.

Prospectus et Renseignements envoyés franco sur demande.

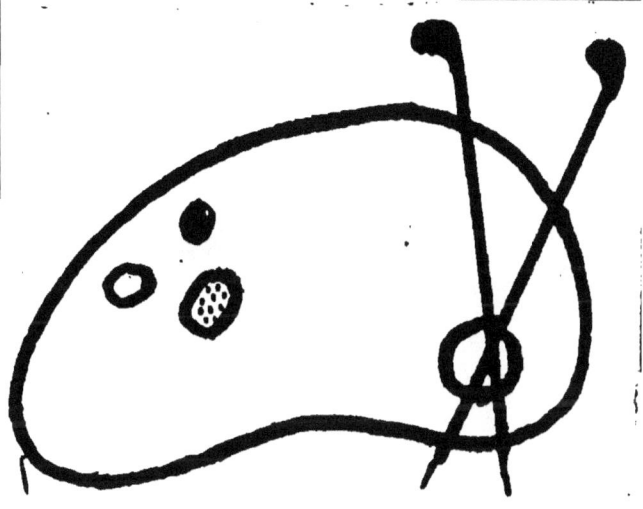

Fin d'une série de documents
en couleur

www.ingramcontent.com/pod-product-compliance
Lightning Source LLC
Chambersburg PA
CBHW050755170426
43202CB00013B/2436